1841

一八四一

香港秘密行動

楊威利修
Yeung Willie Sau
—— 著

獻給

LK

以及你說為了支持我寫作，而扮演的海星和海馬

—— 那些大部分時候都在沙發上不怎麼動的海洋生物。

目錄

代序

序

正文

跋

附錄

代序

從歷史比較看二〇一九年的勇與武

練乙錚

香港人從爭取一國兩制雙普選轉變到要求自決獨立，用了大約五年，即從傘運到反送中的那時段；其間，手段也從和平理性非暴力的主流演化出勇武抗爭。這個「關鍵五年」，有的是歷史先例，最顯著的是美國獨立革命。

北美十三殖民州自一七四三年發生一連串反惡法暴動，反的是英國為了替自己的帝國霸業主力——海軍——充員，不停徵召北美人入伍；名為徵召，其實主要是強行拉夫。在一七四〇到一八一五年這段時間裡，參加過皇家海軍的四十五萬人當中，北美人佔了四成。此後其他惡法漸多，但所引起的反抗一直都是體制內的，沒有分離主義成分。據麻省理工學院美國史教授波琳・邁爾（Pauline Maier）名著《從反抗到革命》（From Resistance to Revolution）指出，真正變化，十三州人從事件性的被動反抗，過渡到全面主動的獨立革命，發生在一七七二到一七七六年之間，前後也是五年。當時不少抗爭派，包括個別後來參與起草獨立宣言的人，到了很後期還是死心不息，希望英國祖家統治者忽然明智放棄高壓，讓他們這批大英帝國殖民地的子民繼續效忠皇室，結果祖家變本加厲；他們絕望了，於是也變成革命派，誓必獨立不回頭。因此，最後質變是長期忍讓之後的爆發，十分急促。

與此同時，十三州人對英國駐北美官員和軍隊的抗擊，其手段性質也經歷過一番轉變。之前的殖民人講革命，藍本就是一六八八年發生在英國祖家的「光榮革命」（The Glorious Revolution）。那次革命是英國從王權時代進入議會民主的核心要步，其經過十分和平；非暴力的政府管治和社會改革由此進入英國傳統。因此，十三州殖民人當初有著來自祖家的濃厚「和理非」觀念，比香港傳統民主派的更甚。但是，英國政府搞內外有別，對北美殖民地特別嚴苛。高壓之下，美洲殖民人漸漸打破禁忌，先是使用了及物暴力，例如一七六五年發生在波士頓的「印花稅暴動」。新頒佈的印花稅法十分無理，反對的市民非常憤怒，毀壞了該法執行官的私宅。鎮壓升級後，民眾暴力也用來直接對付殖民官員和軍隊。

對比可知，發生在二〇一四到二〇一九年的香港社運轉變，即從個別議題訴求到與主權體一刀兩斷（目的轉變），以及從和理非到勇武（手段轉變），無論是就其事程還是時程看，都帶有普遍性，完全不能避免。這是我們可從香港的「關鍵五年」裡提取的第一個結論。

然而，對「香港的勇武」的進一步分析同樣重要。我們先看「勇」。二〇一九年的香港勇者大多出身儒弱怕事的中產，很多甚至是嬌生慣養的獨生子女，絕大部分是都市年輕人、很多還是學生。這些人從赤手空拳進化到研發、生產和在最前線使用「火魔」等簡單武器，不斷衝擊數量上、體力訓練和輔助系統上都佔絕對優勢、武裝到了牙齒的特府黑警加中國混警而無所懼，那是初生香港民族性的「勇」的突破，是崇高價值觀念使然。如此生出的「香港勇」，在中國史上完全沒有過，跟「中國勇」完全不同。史上的集體「中國勇」，曾經建立皇朝（東漢、明朝），提供兩個所謂的革命（一九一一、一九四九）的戰鬥主力，但他們都盡是流寇、幫會份子、低下階層出身的失業官兵等亡命之徒，毛澤東說的游民，完全沒有任何價值觀念、只為一碗飯出賣暴力。這種「中國勇」至今歷歷可見，充斥在中國武警公安解放軍等系統中，也在二〇一九年元朗白衣人群體裡露猙獰。

至於中國的中產階級、讀書人集體，卻從來無勇可言。中國史上秀才當主力「造反」的事例只有兩起，那就是一六六一年金聖嘆哭廟案以及一九八九年天安門事件，規模不同而起因相似，都是反貪反官倒，下場也同樣悲慘，但當中完全沒有反抗的勇氣，官兵一開打就倉惶四散。天安門事件的精神領袖、號稱「中國薩卡洛夫」的方勵之流亡美國受到保護卻自動封口噤聲。便是備受西方媒體贊譽的「坦克人」，揮手喊停的照片非常上鏡，其實也不過如是，因為中國正規軍要殺人須有中央下的當場手諭，與二〇一九年香港那些面對領有格殺令的黑警，而敢衝鋒陷陣能壓場的女流火魔師怎比？起碼在「勇」的意義上，香港人可從「六四崇拜」畢業。這是第二個結論。

我們再看二〇一九年「香港的勇武」裡頭的「武」。「香港武」絕大部分乃一夜之間進化而成，先天不足卻竟有足夠心力，與政權殺戮力周旋數月，每次出戰之後能回家的，不少還需與政見截然不同的父母冷戰熱吵，壓力之大難以想象，任何現代西方社會運動裡面從來沒有過。然而，「香港武」到底不是武人出身，肉體支撐靠的是天然荷爾蒙，以致在驚天動地的極度亢奮過後，回到平凡日子，特別是流亡環境裡的沉悶生活的時候，這些年輕武者反而不能適應，有的患上抑鬱，有的出現PTSD（創傷後遺症），甚者難以應付職場裡、家人友儕之間的簡單待人接物。相比，三流九教黑幫流氓出身的「中國武」，行動之餘絕對不會有這種後遺症。這無疑是「香港武」需要剋服的一個弱點，既是對個別手足、同時也是對整個光復革命群體而言，既是現在時、也是未來時的問題。我知道在二〇一四年之後的運動力量積纍期間，不少香港年輕勇武派刻意鍛鍊提升體力。但是，有體力還不夠；在今天這第二次力量積纍期裡，提升心力同樣重要。勾踐為了復國臥薪嘗膽，長年鍛鍊的，主要是心力。香港海內外仁人志士今後如何在日常生活裡、擇業與擇學的事情上同時貫徹體力和心力鍛鍊，將是影響今後運動成敗的要素之一。這是第三個結論。

勇武有缺陷並不稀奇，尤其在初生階段。如果細看美國獨立革命的武裝力量，可以發現的弱點非常多，密西根大學史學家約翰．夏伊（John Shy）更認為它非常糟糕，人多炮眾卻無什紀律，作戰策略更非磨練有素的英軍對手，十三州的軍事合作常常不到位。美國獨立革命最後成功了，但不少學者認為，那恐怕不是美軍贏了而是英軍輸了，原因是英國在其環球戰略部署考慮下，最後認為不可能贏得北美已經打了七八年的戰爭，其中更有運氣不濟，時也命也，於是認輸。

二〇一九年香港人的勇武行動，是繼新世代當主力發動的「三大革命實踐」，即反國教運動、雨傘運動、魚蛋革命之後的突破與提升，完成了運動從反抗到革命的過渡。然而，其後輿論界不曾畫龍點睛，滿聲歌頌之餘未有突出對勇武者的勇武作集中描述和記錄。因此，《香港秘密行動》的成書和出版，有非常意義。

二〇二二年六月廿三日
於北澤無月曆居

練乙錚：經濟學教授，明尼蘇達大學博士。歷任香港科技大學工商管理學院副院長、香港特區政府中央政策組高級顧問、《信報》總編輯兼主筆。二〇二一年，因身為《立場新聞》前董事而被香港政府通緝，現居日本。

代序

面罩之下奮戰港人的「眞面目」

林昶佐

從二〇一四年的雨傘革命到二〇一九年的反送中運動，許多港人為了捍衛自由民主，脫離了原本人生的常軌，付出了金錢、時間、血淚甚至生命與獨裁政府對抗。事件後有人遭捕，也有部分流亡海外，然而也有許多人逐漸無感、逐漸「回歸日常」；如同捷克作家米蘭．昆德拉（Milan Kundera）所說：「人類對抗權力的鬥爭，就是記憶與遺忘的鬥爭」，港人為民主奮戰的一頁必須清楚記錄下來，不能船過水無痕，任憑這幾年前爭取民主自由的行動如夢一場。

幸而，有許多創作者努力運用不同的素材、形式，為香港社會保留記憶，作者楊威利修便以筆桿作為武器，訪問多位香港勇武派的鬥士，並記錄他們為了自由奮力一搏的時刻。透過他的文字，也讓我們看見那些在第一線的戰士脫下面罩後，除了憤怒，還有害怕、徬徨、喜悅、悲傷等身而為人的各種情緒；且也和我們所有人一樣，有自己的人生課題，有人苦惱著尚未完成的學業該繼續或放棄，有人須面對支持港警的父母，有人為了不連累他人而選擇與摯愛分離。透過這些來自前線的第一手資料，及作者對於這些戰士們的細膩描繪，港人抗爭的情況在讀者眼前更加真實與立體，也深切感受到人民面對獨裁的中國政權時，猶如螳臂擋車的無奈與絕望，因而理解「和理非」的抵抗方式有其極限，面對壓霸且無賴的政府，港人被迫選擇更加強力的手段對抗政府，然而卻再一次陷入更深的無奈及絕望。

看著書中一則則故事，也使我想起這幾年，我協力籌組的「台灣國會香港友好連線」協助安置來台的港人。他們離開香港、來到台灣時帶著那些愧疚、不捨、憤怒、絕望卻又充滿希望的複雜且矛盾的情緒，心也再次揪了起來。

這本書的意義，除了紀錄與紀念港人這幾年的革命歷程，更是讓台灣人有機會貼近香港第一線的愛恨情仇，對香港人面臨的一切苦難更感同身受，進而積極參與國際社會、推動支援香港的各種措施，讓身在抵抗獨裁最前線的民主台灣，對世界發揮更正面的貢獻。

二〇二二年六月

林昶佐：臺灣創作歌手、社會運動家及立法委員。自二〇一六年擔任中正萬華立法委員，並於二〇二〇年連任。同時也是重金屬樂團「閃靈」主唱，曾於二〇一〇至二〇一四年間擔任國際特赦組織台灣分會會長，積極參與本土與人權等社會運動。

代序

兒女情長，方爲世道人生

徐承恩

實不相瞞，筆者對於二〇一九年那一場起義，已經有些認知疲勞的徵狀。在起義爆發後不久，筆者就在自己的兩本著作，寫下這一場起義開展的過程。後來以講學之名遷居臺灣，每天的工作就是在探索香港崎嶇曲折的歷史、鑽研香港人如何展開爭取自決的步伐、並於過程中遭受政權與命運的嘲弄。

在過去兩年，筆者翻譯了一本記載二〇一九年起義的英文著作，又在中央研究院臺灣史研究所講了八場與香港相關的系列演講。目前正著手改寫去年的講稿，把這份關於香港民主運動的「賽後報告」編纂成書。在工餘時間，則抽空觀賞《佔領立法會》和《理大圍城》，甚至還把《時代革命》看了四遍。

就認知而言，二〇一九年及其後的各種事蹟，對散居各地的香港人來說，如今幾乎已稱得上是老生常談。香港體制上的各種不公、中國帝國主義者的狼子野心、那些親中媚共協力者的嘴臉、政權暴力的殘忍暴戾與麻木不仁、民主運動前輩們的不知所措、各路手足在行動和道德上的勇氣、抗爭運動的各種成就和誤判……這一切一切如今都耳熟能詳，雖然至今仍然未敢忘記，卻早已不想重新提起：過往幾年未曾間斷的言說，總令人有種白頭宮女話當年的感覺。

隨著時間的過去，歷史的知識難免會變得抽離。這種抽離固然有其正面作用：因著抽離而來的冷靜，我們得以認清事情的來龍去脈、分析歷史人物的是非得失，而這些珍貴的思想資源，有助我們對當下的問題作出判斷。可是這些理性上的認知，卻永遠只是對歷史真像的簡化：簡化有助分析理解，但終究不是歷史真像的全部。

凱撒渡過盧比孔河，使羅馬完成從共和國到帝國的轉型，這是歷史上的理性認知。可是歷史的真像，除卻理性上的認知、還有感受上的情緒。凱撒帶兵越過盧比孔河，是一場很大的賭注：究竟他當時是懷著怎樣的心境？他麾下的士卒，恐怕都在忐忑不安：他們願意為敬愛的首領付出生命，卻很可能因此淪為共和國的叛徒。如今擺在他們面前的，要麼是完全的成功、要麼是徹底的失敗，一切都只能仰賴命運之神的擺佈。凱撒大軍心裡的波濤洶湧，恐怕更勝盧比孔河的滔滔河水。

不過凱撒早已化為塵土、羅馬帝國也早已灰飛煙滅，昔日將士的思潮起伏，對研究羅馬史的學者而言可謂無關宏旨。畢竟當中的人事物早已千古，對於兩千年後的我們來說，又有甚麼感情可言呢？不過對於當代本土史來說，那就是完全另一回事：因為故事裡面的主人翁，都是近幾個世代的人。他們當中也許會有讀者真正認識的人，即使是那些早已往生的先輩，我們終究會覺得他們與自己是生活在同一個社群。

人類是活在社群的動物、而休戚與共就是社群的特質。如此當代本土史，也必須是理性與激情的互相融合：當研讀當代本土史的知識社群客觀地查探真相，他們同時亦會與被研讀的對象合為一體。要認識真實的當代本土史，既要知道來龍去脈與是非得失，也必須知物哀。何為知物哀？「對所見所聞，感慨之、悲嘆之，就是心有所動。而心有所動，就是『知物哀』。」在理性上有所認知後，內心因這種所見所聞而受到觸動，這就是知物哀。理性與物哀並存，方為整全的知識：在當代本土史範疇，此乃不爭的事實。

這樣筆者就決定依著這樣的體會，把這本關於二〇一九年起義的口述歷史重讀一遍。就如其他關於這場起義的著述那樣，《香港秘密行動》描述了抗爭過程的見聞、控訴著政權暴力的橫蠻、也見證手足們為義受苦的艱困。可是筆者也在這本口述歷史中，看到一個同類著作罕有的主題：也就是愛情。

這樣的發現，不諱言是出自筆者諸事八卦的劣根性：可是人性就是會對他人的愛情故事深感好奇。畢竟對於大部分的人類而言，愛情與性愛、吃飯與生存，同樣都是頭等的大事：飲食男女、生死愛欲，我們不是經常都會把這些詞語掛在口邊嗎？國家大事，向來不見得比兒女情長更為重要。這本口述歷史內的主人翁，都處於二八年華：在這樣的年紀，不是應該忘掉世界投入甜蜜的愛情、與愛侶帶著青澀的情懷探索性愛的奧妙麼？如今他們卻要丟下這樣的正事，要去承受政權的暴力、離散的傷痛。這豈不說明在中國鐵蹄下的香港，早已腐爛得無可救藥麼？

回望這本口述歷史的愛情故事，主人翁在愛海當中的驚濤駭浪，莫不令人再三嘆息。在大時代的亂局中，要好好戀愛、要宣洩一下性慾，竟已是可望而不可即的奢求。「不幸的家庭各都自成一類」，這本口述歷史中的各式各樣的痛愛，每一個都是自成一類的悲慘故事。有的主人翁為避免連累至親，決定假裝背叛愛情；另一些人卻因為對政權的恐懼，不明不白地選擇背叛。有的愛侶能夠克服抗爭的患難，卻無法在平安中勝過階級的分岐。有的戀情隨離散而消逝，而另一些能夠延續的，卻因為雙方政見不一而蒙在陰影之中。而過往喜歡一夜情緣的，則因流亡而陷於苦悶：人與人之間的連結再是疏離，也必然帶著些許的情感；約炮不成絕非只是慾求不滿，更是令人傷感的空虛與寂寥。

筆者向來都不擅於談論小確幸，所思所言都是宏大的事情：比如是探究東亞沿海世界與大陸華夏帝國之間的龍爭虎鬥，並思索香港和臺灣在這種歷史中的定位。筆者亦有強烈的意識型態，主張香港必須透過國族主義運動爭取民主，認為成立獨立自主的共和國是達成社會民主的先決條件。陳健民教授曾是筆者的論文導師，他不時都會向本人的信念提出挑戰：他認為在這些意識型態之上，還必須有更高的價值。

雖然筆者一直鼓勵老師能更正面看待香港國族主義，不過回到家中還是聽話地仔細考量。香港獨立雖然重要，但在香港之上還有東亞大同的理想：唯有讓自由國家組成平等的區域同盟，東亞的自由民主方能有堅實的保證。那有沒有形而上的價值呢？那就是要追求一個沒有貴賤、沒有國君，人人得享自由、幸福和尊嚴的世道。這才是真正超越的價值：任何的意識形態、政治主張，都是達成這種世道的工具而已。

不過看過這本口述歷史，筆者對理想世道的想像，也許還要加上一樣：每個人都可以毫無顧慮地投入戀愛、都可以歡欣忘懷地射精或出水。若非如此，就絕對不是理想的世道。

是為序。

二〇二三年四月二十四日
近畿家中

徐承恩：香港中文大學社會學哲學碩士，業餘香港研究學者，研究範疇包括香港歷史、中國邊陲史以及國族主義。著作包括《香港，鬱躁的家邦：本土觀點的香港源流史》、《思索家邦：中國殖民主義狂潮下的香港》；譯作包括《逆天抗命：香港如何對世界上最大的獨裁者說不》、《法西斯主義》、《民粹主義》。

序 ——不信青春喚不回 不容青史盡成灰[1]

鐵路，意味旅途。路軌本來是希望，是溝通遠方的，直至一九七三年，陸軍總司令皮諾契特（Augusto Pinochet）於智利發動武裝政變，展開漫長的軍權統治。鐵路軌改變，又維持其涵義。一截截沉重路軌被切下，以鐵線綁到前政府官員、示威者和學生身上，將異見人士永遠送往軍政府賜予他們的應許之地——海底。

海岸線長，成了暴政優勢。據真相與和解國家委員會於一九九一年發表之報

1／按：序題引自于右任之詩〈壬子元日〉。

告，智利於軍政府執政十七年期間，有二千零九十五人遇害，一千一百零二人失蹤。

首次聽到智利軍政府鎮壓，是一九九三年，讀賈西亞・馬奎斯（Gabriel García Márquez）講述紀錄片導演密戈爾・立頓（Miguel Littín）的報導文學《智利秘密行動》（Clandestine in Chile: The Adventures of Miguel Littín）。當年因為這書夠薄，才於旺角二樓書店買下。軍權統治與異見者被消失，對那時的我來說，遙遠得像聽維京海盜坐叮噹（台譯：哆啦A夢）時光機回來，暢談掠奪北歐小鎮經歷一樣。怎料廿六年後，竟於我家鄉重演。專業人士、學者教授因政見被革職，外國記者被拒入境，本地記者被無證件矇面警察襲擊，查封傳媒，取締學生組織及工會，民選議員集體入獄，街上一具具「死因無可疑」的墜樓屍體，海上漂著沒鐵軌縋著的，女學生全裸的屍體。

本書緣起於二〇一九年八月廿五日，當日臉書專頁「抗爭少女日記」發佈了一段影片，一隊黑衣蒙面抗爭者，與警察衝突後，途經沙田新城市廣場，受到商場內一眾市民的熱烈鼓掌。

我看時，一直流淚。這些年輕人不圖名譽，也無利益。換來的，除肉身傷害，就是牢獄風險。將這群亂世兒女比喻成當代斯巴達人，似乎並不準確。因為斯巴達人從小孩起，就接受共餐組織的地獄式武術訓練。香港年輕人所接觸的射擊或軍事訓練，大概僅限於以兩隻拇指按動任天堂遙控器。

香港人走過一樣的街頭，面對一樣的鴻溝；有人沉默，有人發聲；有人繞路，有人殉道；有人苦思自己可為抗爭貢獻甚麼，有人盤算抗爭能為自己帶來甚麼；有人信奉留得青山在，有人豈因禍福避趨之。

各家自掃門前雪，從來是多數華人家庭暗自行推行的國民教育。勇武者[2]走到這一步，到底發生了甚麼事？基因改造食物吃太多？漫威電影看過頭？那時候想，

2／勇武者：又稱勇武派、勇武主義（Valiantism）。始於二〇一〇年後香港出現的新政治術語，勇武者提倡以武抗暴，用激進手段爭取民主。

該有專業記者或歷史學家，將這些都記錄下來吧。

短短半年，香港迅速葛咸城化[3]。因為種種，我匆忙辭別故土。曾天真以為，只要離開，傷疤自會平復，後來發現並非如此。我常於晨昏蒙影中乍醒，渾渾噩噩呆望窗外等日出。嘗試躲進自己喜歡的報導文學中，來忘掉錯對，來懷念過去。結果，反思更多。

一九一一年，黃世仲在參與黃花崗起義個多月後，便以世次郎為筆名，在《南越報》連載關於起義的報導文學〈五日風聲〉；一九六一年，柏楊以鄧克保為筆名，在《自立晚報》連載關於國民黨孤軍，在泰緬邊境區叢森游擊戰的〈血戰異域十一年〉；一九八六年，馬奎斯撰寫《智利秘密行動》等等。這些傑出的紀實文學都正好說明，敘述反抗者的第一身經歷，與其作戰同俱意義。

因為想上，願上，會上，能上前線的，畢竟少數。

勇武者當時忙著反抗，事後急於逃亡，無暇給大後方同胞逐一解釋細節因由。

而這些經歷，卻是民族構成的重要紀錄。歷史沒有如果，只有結果。大眾不需要認同每個行動，但最起碼你在臉書或飯局中下定論前，能去了解一下當事人的說法。

司馬遷寧願捱上痛不欲生的腐刑（閹割），仍堅持苟且存活，皆因《史記》尚未完成。以往不能想像，這種非要記錄歷史不可的決心，也無法想像箇中切痛。二〇二〇年七月一日凌晨前的幾小時，香港政府宣佈，把國安法納入基本法附件三，數小時後立刻生效。條例沒經過立法會審議，甚至支持的香港高官，也坦誠從沒未看過其中內容。由法例生效那刻起，香港人經歷了一次精神腐刑，部分思緒脈絡被切除了。從此說甚麼、寫甚麼、做甚麼，得小心翼翼，誠惶誠恐，過去的自由奔放，俱成歷史。古云崖山之後無中華，禮失求諸野，海外飄散港人，實有道德義務去溫存這段民族記憶。

3／葛咸城（Gotham City，台譯：高譚市）：美國DC漫畫《蝙蝠俠》中的虛構城市，蝙蝠俠的居住地。該城市象徵貧富不均、罪惡橫行、貪污腐化、滿目瘡痍。

想起當日影片，掙扎要否獻醜動手。我有一百個避寫理由，卻只一個堅持原因，就是不容青史盡成灰。結果盲打亂撞，試將構想落實，幸遇海外朋友協助，開始與各地流亡者接觸。

訪談從二〇二〇年夏季開始，考慮各因素，決定透過中間人核實身分。確認後，我與受訪者均以化名溝通，我不知對方真實姓名，受訪者亦不知道我是誰，這樣比較能互相保護。感謝台灣保護傘組織支援與協助，聯絡並核實每位流亡的受訪人士。

採訪一般分好幾次進行，因為要是簡單把訪談壓縮在一兩小時內完成，會讓受訪者容易因有時間壓力，於是給出較為標準的既定答案，盡可能提供一些他／她自己認為，需要向大眾傳遞的主題訊息，內心就難免先會對內容進行自我篩選。所以我更傾向聊天，每次約一至兩小時，不設特定題目，讓受訪者隨意說，可以從最近的生活或電影聊起，一直說到抗爭、感情、家庭。

也許部分抗爭支持者會認為，前線手足在衝突中做過甚麼，不應大肆宣揚，以免被警方和中共抓著把柄。尤其勇武的自述，隨時可能成為罪證。

從運動一開始，就有不少人提出，需尊重前線抗爭者自行作出的決定，不適合給予太多意見和干預。同樣，當流亡手足同意將經歷公開，支持者亦無須對此過分緊張，或急忙作抗爭糾察。

米蘭．昆德拉（Milan Kundera）說：「人類對抗權力的鬥爭，就是記憶與遺忘的鬥爭。」把經歷說出來，固然有一定風險，但政權更樂見這些記憶不被提起。以七二一元朗恐襲事件為例，當能夠公開表述的說法越來越少，當網上片段不停被社交媒體刪除，權力一方，就有能力把記憶肆意扭曲。從「鄉黑向市民發動無差別攻擊，警方配合袖手旁觀」的方向，逐漸淡化成「兩幫不同勢力人士互相打鬥」，甚至以暴動罪，把受襲一方告上法庭。別小看這種對歷史記憶的扭曲，我們看過當時直播的一代，肯定忿忿不平，皆因清楚真相與歷史。但當政權佔據所有主流媒體和敘述渠道，三、五年後的下一代就會說：「我爸媽和學校教科書都各執一詞」。再三、五年，真相就被模糊。所以他們發聲的書面紀錄，與抗爭同樣重要。

過去媒體對前線勇武的描述，容易陷入臉譜化。政權有他的「黑暴」固有形象，刻意將其扭曲醜化；同時支持者亦有其英勇和「睇吓我哋手足有幾乖」之圖騰須維持。雙方難免陷入各取所需的演繹。寫這些故事前，我沒特定目標，只希望盡可能忠實呈現受訪者的狀態，因此本書內容，部分可能不如支持者般預期，或公眾對勇武形象的內心投射。

書中提及的受訪者年齡，以第一次訪談時的歲數為準。

鑑於大部分受訪者均有被捕風險，所以即使他們願意披露細節，我仍希望以其身分保密為前提。為此，我願意讓出文章部分的自主及完整性。採訪前，我向各人承諾，完成初稿後，會讓當事人審閱，如果他們讀後希望增刪，我均願意配合作修改。我認為這樣，能助當事人放鬆，無後顧地說出最真誠感受。好幾次，受訪者隨便聊天時，說了一大段，完後才醒起：「這些好像不要放進去吧。」我說別擔心，所有內容最後你還可再次確認，先聊就成。後來我拿出初稿時，會特意提醒，這段是你當時說過不要用，但我認為放進去，更有助表達你的想法。你先看，要是讀完仍覺得需要拿走，請告訴我，我就拿掉。結果很多次，當事人看完後，又覺得其實說了也無妨，於是同意保留。

也許有讀者會對當事人講述的經歷，其真確度有所懷疑。但從來，口述歷史也只是時代的橫切面，並非歷史全局。我們透過當事人具血肉的親身經歷，試著構築主流媒體窺探不到的角度。對於當中有否偏差，只能留給讀者自行判斷。

謹願此民族列傳可溫存記憶，他日煲底[4]榮光時，後世能銘記先行者們以死相搏的氣宇與血汗。

二〇二一年九月廿二日

4／煲底：抗爭者術語，指金鐘立法會綜合大樓地下示威區。因立法會會議廳建築圓柱形外觀像電飯煲，因此下面示威區被俗稱為煲底。

給平裝本讀者的話

有次朋友喝醉時告訴我，人生有三個逃不了的階段，那是出生、辱華與死亡。我說，這是我見過你最清醒時候。

身為香港人，以華文寫作，自然逃不過辱華詛咒。因此我有義務提醒正捧讀劣作的閣下，不管你身處書店、咖啡室、舊書攤或家中，閣下之錯愛，已可能將讓你跟我一樣，邁進人生第二階段。或許你現在因身處海外，所以比較放鬆，但根據香港政府二〇二〇年通過的國家安全法，宣稱擁有香港以外的全球管治權（不確定是否包含全宇宙，或元宇宙），所以各位往後海外吃中餐，不論上餐館還是叫外賣，都得加倍謹慎，尤其留心那些幸運餅乾，因為你不會知瓣開時會拿到甚麼，字條上也許印著：辱華！你已煽動他人仇恨國家！國安法！

我得承認，自身對失去自由有所恐懼，尤其係失去早上可自然醒之權利，所以才怯懦地選擇匿名抗爭。香港地有比我更勇敢的創作者們，實名的以羊與狼之兒童繪本故事，向世界展示香港人如何跟極權對抗。她們是香港言語治療師總工會的黎雯齡、楊逸意、伍巧怡、陳源森及方梓皓。

香港政權控告她們以童話繪本，煽惑他人持續反抗，引起他人對香港司法及中央的憎恨，導致喪失國家認同感。她們因為那些羊和狼而入獄十九個月，組織亦被迫解散。亂世之下，我們都是盡力保持善良與信念的羊。是她們之勇氣，點下了燈，照耀在幽暗中前行的我。沒有她們，我不會開始寫這書。

從國安法還未公佈，我就與團隊著手，籌備這採訪報導計劃，正是因為預料風暴將至，極權高壓與挫敗感之下，人們將無奈轉入沉默與遺忘。這些，我們阻止不了，也無權阻止同行者意興闌珊，回歸生活，但這些前線無名手足的事蹟，還是值得被有系統地記錄下來。唯獨書寫，方能與遺忘和系統刪除對抗。

每個人選擇面對極權的方式都不一樣，提出「當你對抗惡魔時，小心你自己變成惡魔」的是尼采，但對這箴言最落力的推銷員，很可能就是惡魔自己。因為惡魔最需要的，就是你有底線。而勇武，就突破了這思想枷鎖。在此，我不算花唇舌來強調，前線抗爭者有多器宇軒昂，因為接下來你將能體會（假設你沒打算放下這書的話）。

二〇二二年夏天，本書首度由一個流亡來台灣的港人小組織，獨眼科技傳媒出版社發行限量的硬皮精裝本。編輯問，可否寫段簡短自我介紹？為拿捏平衡讀者與國安公署之間的求知欲，我苦思糾纏了數天，才戰兢交出一小段：

前半命好，衣食無虞，樂得逍遙，好讀閒書。竊以為可玩過世，惜逢我城劫難，方始睡醒，驚覺禮崩樂壞之時，我們渺小得似螻蟻飛舞。結果從離地走至鍵盤，從課金殺到埋身，半推半就上梁山。後倉皇去國，一闋遺憾；百般滋味，客途秋恨。唯以筆頑抗，不讓青史盡成灰。望他朝滴水穿石，淘砂爍金，愚賢互見，忠奸漸辨。

編輯回饋：可以再……具體啲？幾乎寫咗大半生啦喎我話。最後，出版社沒用上，另找高明代勞。從來，寫他人易，自我描述難。香港人對抗爭亦是如此。

因為無大台式的如水抗爭，所以抗爭陣型門檻……好吧，是幾乎沒有門檻。當中難免良莠不齊，但我們從不願承認，甚至為求團結大多數，常常出現護短與冷處理。於是間接助長機會主義者和社混祈福黨的滋生，這不是政權抹黑，而是確實存在的兩難。港共黑警，固然惡貫滿盈。但抗爭陣營，又何嘗不是充斥投機分子與騙徒。

當年記者會上長嘯：「我準備咗一百副棺材，九十九副留俾禍港土共，一副留俾自己」的，如今早已覺悟前非，華麗轉身成污點證人，天天證人欄內為隊友遞棺木；當年豪言帶領自己友遠征元宇宙，要買地爭取言論自主空間的，亦已透過網上販售虛假陳述的投票權，掠個幾千萬，爭取到其個人海外豪宅的自住空間了。

世人記憶體載量有限，以上種種，即使未至空白，早已化成都市傳說，莫衷一是了。而正正因為充斥著變色龍，才突顯出勇武的高貴與堅毅。

當然，亦並非每個滯留者均悲觀消沉。去年本書作小規模私下出版後，據悉一些仍潛伏香港的堅定分子，私下把這精裝本以「自己方法」送抵香港，供有心人分享。結果事情曝光，惹來建制派媒體的口誅筆伐，甚至把相關組織及本書向國安公處舉報。此事我沒參與，但團隊仍為此深感不安，紛紛找我查詢，問是否一切安好。對此，我都一概回應：係咩？碰！

但願每位香港人，及世界各地仍面對打壓的藝術工作者，繼續在艱難時刻中保持幽默。如同艾茵．蘭德（Ayn Rand）的小說《源泉》（The Fountainhead）所言：「一個人失去了幽默感，就失去了一切。（One loses everything when one loses one's sense of humor.）」而我，於爭取自由和民主的路上，將盡力保持每天睡到自然醒；在抵達人生必經的第三階段前，恐怕得在第二階多蹓躂一會，好長的一會。

也希望你會喜歡這個平裝本，它沒有硬皮本那麼重。

寫於二〇二三年十月

再版的話

編輯提議，為再版多寫幾句。剛要提筆，友人轉發某獨立新聞媒體採訪來，當中在香港街頭問年輕人兩個問題：

「記唔記得六月九號係咩日子？知唔知邊個係梁凌杰？」

片段中，大部分受訪者均表不知道、不記得。有些說不能講，或顧左右而言他。只有少數直說實話。

新聞最後總結：「五年，是否足以令人忘記？又或者對只有十多歲的青少年而然，五年前的事已經是太過久遠的兒時回憶？抑或只是不再會，在公開場合談論那年夏天？還是所有這些的混合？幾個街頭訪問，不會找到答案，現在的社會亦不會有答案，只是歷史一再說明，記憶並不牢固，當一件事難以公開談論、只能被單方面定義定性，下一代遺忘或只餘下扭曲的印象，可能只是時間問題，中國大陸用了數十年，令一件事消失，香港又會如何？」

也許，製作的編輯和記者立意善良，但坦白說，感覺難堪，也替受訪者難堪。是指望於壓力鍋中之人，被你以鏡頭和咪高峰在街頭攔下來，然後鏡頭前表態說出真心話，並被記錄與公開？還是你只為顯露受訪者在鏡頭下不敢說實話，不像你面對強權仍勇敢搞個訪問，要人講述那個，連你自己都沒在片段中提及的夏天？坦白說，情況如何，大家都懂。不論任何原因，現在仍滯留在淪陷區的，人為刀俎，我為魚肉，你有答案，就直接做個專題報道說出來好了。

今時今日，連到英國都被港共爪牙間諜滋擾，「忘了」或「忘不了」不用向陌路人多言，每年那月那日，心中尚一絲悸動，就是記憶。也許，記者是借他人之口，去宣訴現狀，但又何嘗不像五年前，許多群眾寄望委托外國政府與抗爭大台者，替我們發聲代理抗爭，都是殊途同歸，一路思維。

時代革命談了五年，個人言早，早有點累，不知是恍惚了，或已經坦然，又或心痛好友不捨去國而身陷囹圄。時局，當然艱困，但不代表要犬儒心灰；同時，也毋須很天真很傻。騙人不可怕，最怕騙自己。

記得二〇一九年七月一日當夜，有手足激動表示，攻入立法會，是凱撒帶領部將越過盧比孔河，往後一切，沒得回頭。當時我沒反駁，皆因沒得回頭，倒是真的。只是內心一直斟酌，總覺比喻不倫，大概友人為求表達前線具凱撒萬丈豪情，破釜沉舟，卻間接變相承認中共控制之立法會，可堪羅馬元老院。如今俱往矣，咬文嚼字，早無意義。

五年後，當日手足早已失聯，只願其今天過得一切平安。如今有幸百劫重逢，倒想問，如當日攻入是越過憲比孔河，那曾參與二百萬人遊行，卻因各原因而留下的，當中有人每逢周末就橫渡深圳河，那又是否像徵抗爭已無回頭地凋零？對，我就是那種常會在派對上說掃興話，讓主人家和賓客尷尬的那種人。

如果你是香港人，來到這一刻，你無力，你沮喪。你渴望，有西方文明社會還念記香港，代你制裁高官黑警，有些海外 KOL 幫罵衰中共國安。你花錢課金所有光環借富或元宇宙撐港人計劃，祈許當中有少數不搞人血饅頭或詐騙，而是幹實事的。只是《國際歌》早已唱出答案：

從來就沒有什麼救世主　也不靠神仙皇帝
要創造人類的幸福　全靠我們自己

我不打算批評任何人選擇。只是五年過去，如果你曾經是支持抗爭運動的香港民族一份子，是時候思考，我也趁着再版的機會，問你三個最核心問題：

一、加了「時代」在前作掩飾和 KY（潤滑劑）的革命，如果沒有了前者，你當日仍願意繼續叫喊、支持或參與？還是立馬割席，澄清此革命不同彼革命？

二、如果為達至革命當日喊得響徹雲霄的「五大訴求 缺一不可」，其所需代價為「滅共」；或至少中共會視達至此五大訴求為等同「滅共」。你會繼續堅持？還是向中共求饒陳情，哀訴自己絕無忤逆之企圖與膽量？

三、如果中共硬要將「滅共」行為扣上等同「港獨」帽子與標籤。那你會繼續？還是為求甩開標籤擺脫帽子，就趕緊飲碗孟婆茶，投胎中立、淺藍，或「吓？仲分呢啲？」，主修吃喝掭唱行山打卡北上山姆攻略？

好吧，如此血淋殘酷，大概我也不會是你辦派對時想邀請的對象了。

也許你會認為，這不就像那街頭採訪媒體同一路，又情緒勒索麼？放心，你不用告訴我答案。即使身處海外，也拜托別急在社交媒體公告天下（相信我，你很可能要回港探親、出席朋友婚宴、換智能身份證或攞消費券的）。先把答案藏心中，在接下來一段悠長歲月，好好反芻細味。搞清自己答案，在下個缺口出現時，就自然知道自己該做與不該做甚麼。

民族自強，鬥鳩命長。英特納雄耐爾，就一定要實現。

寫於二〇二四六月九日，正值革命五周年

香港秘密行動

沒有保存的一切都會丟失。

——任天堂「退出屏幕」時之提示

不久前，一些男孩僅憑石頭，就勇氣十足地和鎮暴警察對抗了起來，他們還計劃重建社會制度，建立一種他們自己從來沒有體驗過的制度。此舉使得皮諾契特大為震怒，他表示，年輕一代對抗他，完全是出於對從前的民主智利一無所知之故。

—— 賈西亞・馬奎斯《智利秘密行動》

男　廿五歲

訪談於 二〇二〇年八月至十一月

第一回

戀·戰傾城

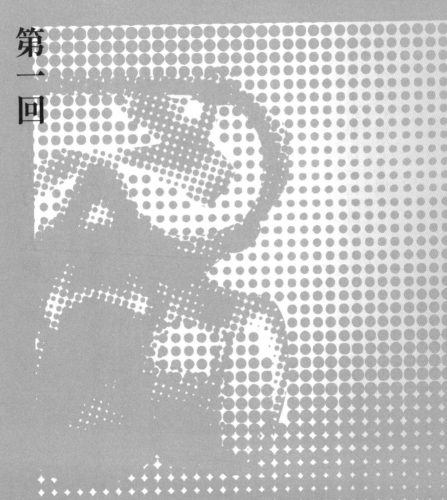

〈壹〉兩人出行一人歸

二〇一八年二月七日，十九歲的陳同佳與女友潘曉穎，飛往台北慶祝情人節。結果，只有一人回到香港，並引發一場崩天裂地的蝴蝶效應。當中漣漪，同樣於兩年後的二月，將廿五歲的哪吒（化名）和淑儀（化名）從香港帶到台北。宿命地，最後亦只得一人歸來。

台灣政府為應對武漢肺炎，宣佈二〇二〇年二月七日起實施封關，禁止包括香港在內的所有中國居民入境，這日正好是兩年前陳同佳入境的同一天。而哪吒和女友則需趕在封關前出發，這已不是他的首次出逃。

作為勇武者的哪吒，去年在同伴被捕受審的法庭文件中，發現一張大夥在聚會時，被警方情報單位偷拍的照片。當中竟有自己身影，於是急忙與運動中擔任急救員的女友跑往海外避風頭。

雖然哪吒也曾被拘捕，卻成功踢保[5]。因此待在台灣 Airbnb 一個多月後，他估計身分應該還未曝光，加上「實在不捨得就這樣不了了之」。於是決定再回到他出生、成長並身土不二的家鄉。

為分散風險，他跟淑儀坐不同航班回港。臨行前彼此依依不捨，因為他知道，這航程可能伴隨以七年監禁為量刑起點的暴動罪，作飛行哩數回贈。

這也許是世上最長的回家飛行。

5／踢保：國安法前，香港奉行無罪推定原則。警方在拘捕後，不能無限期拘留，必須在四十八小時內，決定是否將被捕人交法庭審訊、保釋外出但定期到警署報到或無條件釋放。如保釋後警方一直未起訴，被捕人認為拘捕無證據，又經常被迫報到，可選擇踢保。意指在警署報到後，拒絕再續保。變相迫使警方須決定，是落案起訴或無條件釋放。但由於刑事案件沒有起訴期限，警方事後亦可隨時再起訴。

結果甚麼也沒發生，哪吒安全入境香港。回來不久，他所屬的小隊，跟另一小隊合作，策劃一次主動攻擊警方的行動。行動前一夜，另一小隊的安全屋被警察偵破，並從其中某主要成員的手機訊息中找到線索，當晚該隊大部分成員在不同地點被拘捕。整隊幾近全殲滅團。那正是在媒體上，曝光率最高的屠龍小隊。

哪吒從不同渠道收到消息，自己在隊中代號，已經被警方知悉，而警方正在追查這代號背後的真身。

「那時候的代號，不是哪吒。」哪吒突然提醒，怕我會誤解。「這只是為了跟你聊天而起的代號，我不能告訴你，我隊中的代號，因為不想連累隊友。」

我告訴他完全理解。正如從首次用中間人的手機跟他聊天開始，為了保密，我也沒用真實名字，只是透過中間人，給了個連我自己都記不住的化名。只希望中間人會記得，把我化名設定在其手機上，否則哪吒只要一看手機，就可能看到我名字。

面對警方可能的逮捕，哪吒只好再次與淑儀倉皇出走。

每次出埠，都是情侶們的一場感情試煉。攜手烽火街頭，還算有個共同目標。一旦遠走他鄉，難免會把潛藏壓力逼出。再次逃亡的日子，哪吒跟女友經常爭拗，加上大學下學期即將開學，於是她決定，先自行返港。

古典文學裡，哪吒是位少年護法天神，生性剛烈火爆，腳踏風火輪，手執火尖槍，上天入地，所向披靡；困於台北的港版哪吒，則國語不靈，再無火魔法，只有前路茫茫。雖然在一九九七回歸前出生，父母卻從沒想過為他申請英國海外公民護照，結果看著香港特區護照三個月入境期限一天天迫近，他唯一可做的，就只是拿著電話，與女友越洋吵架。

與哪吒談抗爭，很難不聊到他的感情，因為他與淑儀之間，可堪本土抗爭運動的編年史。

〈貳〉七十九日口頭禪

二〇一二年八月三十日，十四歲中學生黃之鋒，為反對港府推行向青少年洗腦為目標的國民教育科，於是與其有份創立的組織學民思潮成員，發起包圍金鐘政府總部集會，並進行絕食。結果數日間，聚眾十二萬，震撼國際。哪吒當時念中六，獨自去了集會，那是他在本土運動的啟蒙課。

兩年後的二〇一四，同樣地點，再因黃之鋒等人衝入政總前地的公民廣場，而引發了戴耀廷教授宣佈，提早啟動演練多時的和平佔領中環，兩者匯聚成雨傘運動。九月廿八日，哪吒在電視機前，看到警方向示威者發射八十七枚催淚彈，他再次走上兩年前那地方。他到了金鐘海富中心，通往政府總部那條行人天橋下的一個物資站，幫忙管理及派送物資補給品。自運動展開後，哪吒一直待在那，七十九日沒再回家。

那年，哪吒已經出來工作，他沒有聯群結隊地去，因身邊沒幾個朋友關心政治。但很快，他在佔領區中認識了許多同路人，亦認識了不少女孩子。可是他要到五年後才發現，原來淑儀當時就在他附近的另一物資站幫忙，只是命運之神並沒安排相遇，他卻認識了彼此的共同朋友。

那時的他，算甘地派信徒，信奉示威理應和平理性非暴力。皆因當他第一天到達前線現場時，聽到後面有抗爭者大喊：「唔好掟嘢[6]！」這句話，像性病一樣傳染了他，成了其七十九日裡的口頭禪。哪吒不肯定，自己有否繼續感染他人，雖然一直勸喻別人不要掟東西，但遇上有人真的在擲的，他亦不會出手阻止。

後來有激進抗爭者討厭現場的所謂大台，提出要拆掉大台。哪吒雖在現場，卻沒去阻止，「因為大台上那些拿咪（麥克風）的領袖，許多時候是制止激進派

6／唔好掟嘢：粵語，意指不要扔東西。

發言。」

當時的行政長官梁振英沒有硬碰，而是選擇冷處理，讓阻礙交通的佔領，變成不是針對政府，而是滋擾民眾。這讓支持抗爭的市民熱情漸被陰乾，七十九日後，民意漸趨逆轉時，政府才將佔領區清場。

失敗讓哪吒產生無力感，他希望運動有日能捲土重來，就像他中學某年重讀一樣，當第二次機會到來時，會努力改善上次做得不夠好的部分。

〈參〉一蛻變就冬眠

二〇一六年農曆年初一晚，旺角發生魚蛋之夜。抗爭者不再像當年傘運般沉溺斯文，他們迅速挖出鋪在行人路的磚頭，拆下擱於路邊的卡板木枝和路牌鐵杆，並將一切可在街上找到的雜物掟向警察。

哪吒再次現身，這次不再四處勸人唔好掟嘢，但仍未走到最前。示威者由年初一深夜打到年初二早上。共九十人被捕，包括當晚發動抗爭的本土民主前線領導人梁天琦、李東昇及黃台仰。梁以暴動罪被判監六年，黃及李則潛逃德國獲政治庇護，成為香港本土抗爭運動上，首兩名政治難民。

魚蛋之夜是哪吒的結繭蛻變，脫下唔好掟嘢外殼的同時，最讓他痛的是，一眾泛民主派議員，跟和理非[7]抗爭者事後紛紛衝出來，與本民前[8]及魚蛋之夜的勇武們急割蓆。罵勇武甚至比罵共產黨還要狠。自此抗爭派系分裂，往後三年，成

7／和理非：和平、理性、非暴力的簡稱，香港民主派的常用術語。最早由民主黨司徒華用於形容六四事件期間，北京學生與民眾打不還手之精神，後來成為泛民主派的核心價值。其形式多以遊行、集會、苦行僧式等溫和手法，去表達政治訴求。

8／本民前：二〇一五年成立的本土民主前線（Hong Kong Indigenous）簡稱。成員多為於雨傘運動中，反對泛民和理非路線的年輕人士。組織主張香港民族自決，對抗中國共產政權。二〇一九年，其組織「光復香港，時代革命」口號，成為示威者的主要口號。

為了半蛻變的哪吒及本土運動的冬眠期。

〈肆〉哭泣中守護

二〇一九年，反對修訂逃犯條例的示威遊行人數，像每年夏季汕尾以南形成的低壓槽一樣，逐漸累積壓力，從當初只有一萬二千人，到十三萬到一百萬到二百萬。哪吒預感這將是抗爭的回歸。因此自六月十二日金鐘政府總部爆發衝突，他馬上和佔中時的一幫物資站朋友趕往參與。他比雨傘運動時走得更前，蒙著面在前線擔任哨兵，並幫忙拆下欄杆和鐵馬，用索帶將之扎成路障。

六月三十日晚，哪吒在龍和道參與衝突。晚上十一點，他與朋友退回政總煲底，討論明早七月一日升旗時，該如何再在龍和道示威。人群中，他看到淑儀，但沒機會搭上話。

翌日早上，有抗爭者想騷擾灣仔升旗儀式，卻在龍和道推水馬時被警方包圍。朋友知道哪吒身上有對講機，那時候有這裝備，算是專業級別的抗爭者。於是大家提議他和其餘兩個當哨兵的女生，一起到附近視察。其中一個，就是淑儀。

哪吒往龍和道，淑儀則到夏慤道。六點多時，龍和道示威群眾打算突破包圍，卻看到直升機在上空拖著五星旗飛過。哪吒事後才發現，原來升旗儀式變了在室內舉行，上空用直升機拉著國旗飛過，示威者根本干預不了。

一夜沒睡的哪吒，八點多回到㷫底，早已筋疲力竭，一伙人在㷫底小睡一會。中午一點，他見沒甚麼事情發生，決定先回家洗澡及多睡一會。誰知黃昏再醒，發現抗爭者在下午已開始衝擊立法會。

哪吒立即穿衣出門，八點趕到時，立法會正門大閘已被撞了近兩個小時。哪吒衝到最前線，當時他連一頂黃色工地頭盔都沒有。在場示威者群龍無首，前線通知後排傳遞所需物資，哪吒大叫後排傳上頭盔。只是訊息總是延滯，後排不知該做甚麼，又渴望盡力做點事，於是不斷把生理鹽水、雨傘等各種東西往前傳，彷彿立刻把手中物資遞上前，就能成為歷史締造者。於是現場形成了一條詭異的物資循環鏈，後排一直把無用物資上傳，前排又把東西退回去，並一直跟後排說這個沒用。

大批警員於立法會內佈防，外面一個蒙面胖子拿著揚聲器，激昂大喊：「五年前。我們撞不進去。今晚！一定要進去！」這番話，給哪吒和一眾參與者注入興奮劑，雖不知道衝進去要幹甚麼，但那一刻，群體只專注重復一個簡單動作：撞擊。

哪吒戴著眼罩，卻一直流淚。這個二〇一四年就等著的畫面，終於來臨，原來人生真有二次機會。

我告訴哪吒，當晚在電視機前看直播，在撞破玻璃的一刻，我見到有抗爭者把一塊冒煙物品丟進立法會內。

他說當時很混亂，不知道是誰丟入去的，估計可能是拍電影用的煙餅之類，但誰都看不清當晚守在裡面的警察，甚麼時候突然撤離了，也不知從哪離開。哪吒跟著別人進去時，警方已不在場。他們找不著往會議廳的方向，於是大家盲目在裡面亂竄。

後來，他找到議員經常見記者發言的位置，但仍找不到會議廳入口，跑上跑下好幾層後，幾經辛苦才找到。當晚部分示威者是有備而來，因為架設在會議廳內的官員大相與支架，就不可能是臨時找來的。

「當時信息混亂，不少人進去了，但都不知接下來該要做甚麼，許多人在哭，從二〇一四年等到現在，終於攻進來。百多人堅持留守。傳說警察很快就要攻進來，裡面的人不肯走。外面的因為裡面不走，也不肯走。說裡面要發表宣言，外面堡底的人要堅守，怎樣也得抵抗到宣言完才撤。」

〈伍〉黑衣裡的黑色幽默

哪吒自己不敢在內死守，於是決定到外面，死守那些想死守的人。跟他一起抗爭的朋友不斷來電，甚至用粗口罵他，問他為何還未撤。哪吒想不到如何解釋，直接掛斷線，朋友繼續打來罵，他繼續掛線。

我告訴哪吒，當晚也有朋友在裡面，我亦一直致電他罵髒話，叫他趕緊出來，他要我不用擔心，說大家衝進來破壞議事廳只是幌子，有人正在上七、八樓民建聯辦公室，打算闖空門把電腦硬碟拆走，這樣就能從裡面找出建制派出賣港人的證據。

我即場大罵：「痴闆咗係咪？民建聯出賣香港人你都仲要去搵證據？」

不管是衝進去的激進抗爭者，抑或是和平的示威群眾如何想，電視新聞和網路直播上的畫面，在一黨專政的極權眼裡，就是等同向其宣戰。但凡對中共歷史稍有理解，都會明白不管我們訴求是甚麼，有多溫良恭儉讓，「这他妈的就是宣战！」可能部分的激進抗爭者能夠理解，但我不認為兩百萬喊著「五大訴求，缺一不可」的人，有幾多能真正明白當晚的象徵意義。

當普羅大眾仍在沉醉於「你睇吓，我哋呢邊啲示威者幾乖，入到立法局連攞嘢飲，都擺底錢㗎！」之光環時，其實已展開了一場自己都未搞清楚的戰爭。許多和理非示威者對「戰爭」一詞避之唯恐不及。彷彿只要自身不提，對家就不會察覺。

也許有黃絲[9]讀到這裡，就要馬上反駁：

不對不對！

9／黃絲：自二零一四年雨傘運動，香港衍生「黃絲」及「藍絲」兩個群體。黃絲泛指當時支持佔領中環及民主運動的人士，他們以黃絲帶為象徵；而藍絲則指反對佔中及支持警察執法人士，並以藍絲帶為記號。此兩稱號持續被運用至五年後的反送中抗爭中。

我們只希望爭取五大訴求，缺一不可！

我們只是要求釋放所有被捕人士！

我們只是要求解散警隊！

我們只是要求獨立調查委員會！

我們只是要求林鄭下台！

我們只是要求全面落實真雙普選！

我們只是要求自己香港自己管！

但我們才不是要開戰！

但我們才不是要推翻共產黨統治！

我們只係要求一黨專政嘅共產黨，和平自願咁，交返佢哋已經蠶食咗嘅香港自由同管治權畀我哋！

只有我一個感覺到當中的黑色幽默嗎？

〈陸〉除罩初相見

連續掛了多次朋友來電後，哪吒見到警察在立法會附近集結，開始舉起黑旗。那時候在立法會外死守的，大部分不是平日在前線的抗爭者，而是站在後排的學生。他們連抵禦催淚彈的豬嘴防毒面罩也沒有，只戴著 N95 口罩。大家臉上充滿恐懼與徬徨，不知該守還是走。幸好千鈞一髮間，內裡抗爭者決定撤離，於是外面的也跟著散去。

那晚上，他和淑儀走散了。雖然早上一起當哨兵，可彼此沒說上幾句。真正有機會溝通，是七月十四日警方圍堵沙田新城市廣場一役。

那時抗爭者已組織好自己的通訊頻道，部分人開始備有對講機。當天下午，哪吒全副裝備，守在新城市廣場近沙燕橋的十字路口；淑儀則在百步梯附近當救護員。

當和理非遊行差不多結束時，一般家庭示威者會按大會安排，沿遊行路線在那十字路口左轉解散，而參加更激烈衝擊的，則會向前走。

哪吒一直在觀察，這時有女生在通訊頻道裡喊話，但因為戴著防毒面罩，所以根本聽不清楚她在說甚麼。哪吒聽煩了，直接回話：「小姐，無人聽到你說甚麼呀！你脫下個罩再講啦。」他當時不知道，對方就是淑儀。

後來有抗爭者在附近跟警方衝突後，並走進沙田新城市廣場。哪吒在廣場二樓，連接其他商場的行人天橋上遇上淑儀，幾個人一起往附近屋苑走。那時三樓已經開始打起來，哪吒很激動，堅持要「落去打佢老母臭閪」，淑儀和朋友只得跟隨。

「電視新聞中看到，有個落單的警員，被抗爭者一腳踢下扶手電梯，我當時就在那兒。」

哪吒說，那警員當時並不是真的落單，有不少警員躲在H&M旁的小巷。其後就闖進廣場，一層層地掃蕩示威者。他和淑儀等二十多人，往旁邊的商場走，最後弓著腰，在平台花槽後潛逃出來。大夥走到大圍附近的山路時，發現有人的女友脫了隊，於是哪吒又陪朋友，從原路回到新城市廣場尋找，淑儀等人在山邊等候。最後，終於在商場裡找到朋友女友，再重新逃出來。大夥提議去宵夜，哪吒決定跟上，因為他知道淑儀也會同行。

他們感情，正是從那時候開始。

七月廿一日，哪吒在中聯辦示威，袋裡已不只有索帶對講機，更有汽油彈。他開始和佔中時那些負責「防線」的成員聯繫，每次協調行動再出發。當年「防線」，就是勇武的前身，雨傘運動時負責頂在佔領區外圍，阻擋警察和黑幫騷擾。但八月初時，哪吒仍只是多作一些孤狼式的衝擊，並無全盤計劃。

〈柒〉五秒的空間

八月初，各區開花。示威者從固定路線遊行，發展成與社區街坊結合，大家各自在所居住的區域活動，藉此分散牽制警力。哪吒和朋友也在自己居住區內示威，包括包圍警署及附近的警務人員宿舍。不少下班警員穿著便裝跟示威者對峙，甚至有人從警察宿舍樓上，掉下玻璃瓶及煙火之類的爆炸品。

哪吒之前面對過許多衝突，但因發生在自己成長社區，所以尤其激動。全身黑衣蒙面，拿著擴音器的他，站在通往警察宿舍的橋上，以粗口大罵面前集結的警員。朋友發現，其他示威者都已往後撤，就只哪吒一人在前線，誰都不敢把他扯回來，一來怕被捕，二來大家都知道，激動的他根本不會聽勸告。

最後，大家推舉淑儀去把他拉回來，因為她和哪吒關係親密，而且身穿救護員裝，那時警方仍不至對救護員太過分。哪吒感覺身後有人拉他，回頭就飆髒話：

「咪閪搞我！」罵完才發現，那是淑儀。不管怎樣勸，哪吒就是不肯退下，淑儀最後只好連拉帶扯地硬把他拖走。

「被拉回後面時，我開始冷靜。過往在別的區，我都很冷靜，只是這裡原本就是我落街吃牛腩河的地方，實在受不了我家附近變成這樣。被拉走後，我們進了附近教會，那時他們開放給示威者進去躲避或休息。

淑儀忙著去別的地方做急救，我和朋友又回到警署附近跟警察對峙。突然警察衝出來抓人，我們一直狂跑，走到另一區的地鐵站。之後回來時，警察已撤退，我們又重新再在警署附近聚集。當時大家見防暴警察走了，所以都除掉防毒面罩，只戴著面巾。

有個抗爭者突然拍我肩頭，說後面有人影相，我回頭見到有三個體形壯健，一看就像便裝警察的人，拿著相機在拍照。我拿著伸縮棍就衝過去大叫：『閅你老母！影乜閪嘢呀？』那三個便衣拔足就跑，於是我和其他示威者追上去。

其中一個跑掉了，另外兩個跑到失足跌倒，我們一擁而上，對兩人拳打腳踢。他們且戰且退，我一直追，連我在內，有廿多個示威者，彼此不認識，只是聽到說有狗就追上去，大概打了三、四分鐘後，他們已跑到警署那邊的防線。

我那天太衝動，其他示威者都開始後退，我還繼續衝上去，突然在小巷有三、四個軍裝警員舉著胡椒噴霧撲出來，我們之間距離，是他一按那胡椒噴霧，就到碰上我眼那種距離，我一下就被噴中了。」

他二話不說就調頭狂奔，因為根據經驗，哪吒知道眼睛中胡椒噴霧，大概仍有五秒空間。五秒後，就再無眼前路，所以只能甚麼也不想，往剛才教會方向瘋狂地跑。

片刻，他眼睛像被辣椒沾到般刺痛，倒地大喊：「看不到！有無手足可以救我？」這時旁邊兩個不認識的抗爭者，把他連拖帶拉地扯進教會躲避。

他滿臉通紅，痛得不停顫抖。朋友趕忙通知淑儀。根據旁人事後憶述，她趕回來，一看到紅腫得無法睜開眼的哪吒，當場嚇得暈倒，結果兩人都需要急救員協助。

在教會裡休息了幾小時，二人雖看不見對方，但感情進了一大步。因為不想回家，於是二人恢復過來後，就跟其他人一起，到旺角的安全屋過夜。

〈捌〉柒與鬼

從哨兵進化成勇武，哪吒還沒加入任何組織，但他渴望進行更激烈抗爭，因此他與原來物資站朋友漸行漸遠，而更多加入現場蒙面抗爭者隊伍。

他每天盡可能從新聞和網路上，看哪裡有示威，然後趕去現場，穿上黑衣和保護裝備，跟其他勇武者聯合一起，再臨場決定下一步行動。當然這樣會容易撲空，出現錯過重要衝突的時間。

也許這城市的歷史來得太快，雖然事隔不足一年，但回憶起來，哪吒都已忘記許多事件發生的正確日子。在他憶述事情時，我們總得尋找共同影像的記憶，作為描述事件的時間定錨。

「你記得金鐘那天，手足被拍到擲汽油彈時，腰間有槍嗎？」有次哪吒無意中提起此事，我後來查證，那是八月三十一日，有示威者在夏慤道天橋上向下面擲汽油彈，被法新社記者拍到他腰間有把槍。

外界經常認為，許多前線勇武的破壞，是警方臥底所為。我問哪吒怎麼看，他堅決不信：「當天我也在天橋，在我擲火魔[10]時，這個『配槍』手足，還急忙替我撐傘作掩護，你們在報章和網路上看到的照片，是我擲完後，他再擲時被拍到的。如果他是鬼，那在我擲時早就可把我拘捕了，所以我相信那只是氣槍。他根本不應該帶出來，他只是柒，不是鬼。

我從來不會在前線捉鬼，如果警方做的破壞，跟我們目標一致的話，根本就不需要找他出來。」

〈玖〉血債育成民兵

八月廿五日，荃灣再次出現示威。這源於早前在荃灣二陂坊，有示威者被荃灣黑幫持刀圍斬，最後雙腳腳筋斷裂，造成永久傷殘。傳聞當天斬人的，正是一群疑受政權或中聯辦指使之二陂坊黑社會，因此網上傳出，當晚勇武者將去荃灣為斷腳青年報仇。

哪吒趕往支援，到現場還未摸清大夥的去向動態時，他聽到不遠處突然有個

10／火魔：此詞源自日本動漫，後被媒體及示威者引用，形容勇武派中擲汽油彈及縱火之行為，其人亦被稱為火魔法師。

蒙面人大喊：「屠龍！」

一聲令下，現場十多名散在附近、背上貼著粉紅色易撕貼標誌的蒙面勇武紛紛聚集。他們就是網上經常傳出，在前線抗爭最激烈的勇武「屠龍小隊」成員。

哪吒雖然不屬於屠龍，但因為在旁聽到他們決定要攻打二陂坊計劃，於是跟著參與。二陂坊是個掘頭巷，所以進去的話，就必須沿原路退出來。當晚有近百名勇武者參與，大夥直奔二陂坊，小數人守住路口，再由屠龍帶領四、五十人，攻打據說是策劃襲擊示威者的黑幫大本營。哪吒跟十多名的屠龍成員，撞破麻雀館和火鍋店大閘。黑幫早已聞風先遁，於是哪吒等人大肆破壞那幾家店鋪復仇。

見識過組織隊伍的力量後，哪吒決定不再單打獨鬥，並開始與早前在佔中時認識的一位朋友，組織屬於自己的小隊——蜘蛛。

屠龍和蜘蛛都是比較活躍的小隊。屠龍不單有固定團隊，還發展出其副線青年軍「龍B」。由於屠龍篩選嚴格，運作上是比較嚴密。他們把希望加入的人，都會先放到龍B，讓他們負責協助主隊任務，適合才會提拔加入正式團隊。

相對地，蜘蛛管理則比較鬆散，其概念是建立彷如蜘蛛網般的勇武連網，因為他們相信，從朋友介紹而串連起來的網路，比經常一致行動來得更好，這讓他們更機動，又不一定知道其他成員是誰，任何人都不能把全隊的資料外洩。有次行動中，有位勇武手足為拯救陌生示威者，主動上前攻擊拘捕示威者的警員，讓別人有機會逃脫，但手足卻因而被捕。朋友告訴哪吒，網路直播中那勇武，原來正是蜘蛛成員。哪吒之前跟他聯繫過，卻因沒在同一地點行動，所以也從不知他樣子。

據哪吒估計，八九月時，這樣的勇武民兵，大概有三、四十隊，每隊由只有幾個人，到數十人不等。這些都是與警察衝突的主力。當時小隊都各自為政，只有在前線碰上時，才會臨場討論合作計劃。

〈拾〉聯合陣線與流產計劃

九月初，哪吒被邀請參與對勇武者來說，相對重要的一場會議，那是勇武小隊的「武林大會」。當時出席的，除了本民前成員，還有不少活躍的勇武手足，其中有屠龍的骨幹成員，還有代表蜘蛛的哪吒和其朋友，亦有些獨立的活躍者，部分後來也加入了屠龍小隊。

武林大會在某大學的演講廳內進行。哪吒事前並不認識太多其他隊伍的人，但去到後才發現，原來有不少人在二〇一四年佔中時，已經在做當時的防線和鐵馬組之老革命。

會議上，最激進的成員表示已有槍在手，而且不止是普通手槍，還有狙擊步槍。他們認為，現在民意都站在他們一邊，因此提議由他們隊伍中的六、七名死士，佔據香港某處可防守的制高點，然後直接宣告獨立。若警方來攻打，就以死相搏的堅守，藉此感召大眾聲援和參與，把抗爭運動由爭取真普選和獨立調查委員會，直接推向獨立的訴求。

香港人不妨自問，如果勇武那時真的佔領了某地，以槍對峙死守，甚至爆發槍戰，並高呼必須全面落實雙普選和堅持一國兩制，你認為有多少市民市會前往現場支援？我不跟你爭論，你有否高估或低估這數字，反正不只黃藍有異，就連運動支持者的黃絲中，也會因為政治光譜的不同，而出現估算落差。但你先猜一個數字，然後記於心中。

現在，死士們的訴求變了，他們不再叫「雙普選、一國兩制」，而是改喊「香港獨立」。那你認為，先前估算的聲援人數，會因此而增加，或是減少？增幾多％？減多少％？

這問題，我同樣問了哪吒。他估計，喊五大訴求，會有五百人去；香港獨立則有三百人。我沒反駁他，因為沒必要在這類假設性的問題上，打擊一個樂觀主義者。

先不論有多少港人願意前去支持，哪吒和當時出席的屠龍隊員一樣，都反對這個提議。因為他們認為，一來香港民意並未達至此地步，二來佔據高地死守這計劃，感覺上是個贏不了的死局，因此計劃最終還是胎死腹中。但從那一刻開始，哪吒知道有勇武已急著要從汽油彈，直接升級到槍戰。

哪吒認為這樣太冒險，這次跟過去二〇一四時最大區別，正是沒有再固守傳統的陣地，而採取 Be Water [11] 的流水式攻擊，甚至全港十八區同時遍地開花與警方戰鬥，藉此讓警隊疲於奔命。

如果這樣死守一個據點，然後祈望香港人來支持。即使火力再強，也是個危險舉動。諷刺的是，哪吒沒想到三個月後，大家就徹底違反了這 Be Water 精神。

雖然激進派意見，最後沒被大家採納，但會議還是讓小隊們開始了協調，也促成了屠龍和蜘蛛的持續合作。其後逐漸擴大，加入了其他小隊，如閃燈及中移動（為甚麼反抗中共極權統治的小隊，竟用上中資公司名字作隊號？到底是不清楚此電訊商的中資背景？還是只為了作反諷？哪吒也搞不清楚）等，開始形成一個比較有系統的聯合陣線。在往後衝突中，要不是數隊共同合作，要不就相約好各自在不同地區同步開花。因此武林大會亦有其積極意義。

〈拾壹〉如用這歌　可以代表我

幾次等待哪吒訪談時，我的 Spotify 隨機播放，總是響起 Beyond 的〈十八〉。這是梁天琦在《地厚天高》紀錄片中唱著的那首歌。

11／Be Water：李小龍名句，出自其於一九七一年美國電視劇《盲人追兇》（Longstreet）中之對白，原句為 Be water, my friend。二〇一九年香港抗爭者以 Be Water 作行動思想，提倡高度流動性，快聚快散，片刻重新於城市另一端集結。匯聚起來，如巨浪般強力衝擊；同時亦似水流動，以柔克剛。

如用這歌　可以代表我　幫我為你加一點附和
假使可以　全沒隔阻　可以代表我
可以伴你不管福或禍　這樣已是很足夠

運動中，我不時都會聽這歌。也讓我想問哪吒一件事：你和淑儀會有你們的主題曲嗎？

「甚麼主題曲？」

就是能代表你倆，或對你們影響很深的一首歌。

「一時間真想不起。我得想一下。」

沒關係，慢慢想，下次再告訴我吧。

過了幾星期，有次我再問哪吒，他說怎樣也想不起來。我不禁好奇，難道你們拍拖，從沒去過卡拉OK之類？沒有彼此都感動共鳴的歌嗎？

「回想起來，才發現原來我們在一起的大半年，真的從沒做過一般男女朋友正常會做的事，沒去看過一場戲，沒唱過一次卡拉OK。出來吃飯，都只因為了勇武要開會，或救護隊有事要談。即使過夜睡在一起，也因為是有行動，於是提早一兩晚在附近租下的安全屋待著，或是事後躲到安全屋逃避黑警。九龍區有示威就租旺角，港島開花時，通常租銅鑼灣。因為去她家不方便，我也帶過她上我家幾次，但我父母都在，你也明白……要是家庭有藍絲，怎可能沒衝突？」

這是動亂時期亂世兒女的愛情生活。

哪吒本來就和父母關係不太好，雖然住在一起，但平日和父親沒說上幾句，甚至連那些典型黃藍家庭的爭論也不存在。我問父親對他流亡有何看法。哪吒苦笑，說第一次逃亡，走了幾星期後回來，父母都沒察覺。

反而哪吒和淑儀在朋友介紹下，認識了一位三十多歲的「媽咪[12]」。每次示威，媽咪都會走上前線，雖然不會擲汽油彈，但她仍努力去結識前線各個抗爭者，為他們提供支援和協助。例如以她名義，於現場附近租下不同的酒店房間作安全屋，然後將房卡派給大家；如看到有年輕人落單迷路，也會帶他們上去暫避。

媽咪不單照顧著他倆安全，也成為了二人心靈上的媽咪，耐心聆聽倆人對彼此的問題與抱怨。哪吒覺得這些抗爭中建立的情誼，甚至比現實血緣關係來得更親暱。

〈拾貳〉一路走來的距離

中大攻防戰中，哪吒看到許多原來不是勇武的示威者，有年輕，有長輩，都湧進校園，忙著在運動場上製汽油彈，再運到二號橋前線加入投擲。只是這些新手勇武都在後排，他／她們擲出的汽油彈，卻經常因沒有完全密封，以旋轉方式從後往前飛，內裡天拿水及電油都由樽口飛溢而出，沾到碎布上的火舌而成了火雨，全灑落到哪吒的頭盔和背上。

「那時候很生氣地向後排那些新手大罵：『喂！睇住呀！塞實個樽口先好掟啦手足！』」

從海富中心行人天橋，到中大二號橋；從在勸人唔好掟嘢，到大喊要封緊汽油彈才好掟的距離，是五年。

「前幾天，中大戰役一週年，我突然想起了她。之前發給你那照片，就是中大的那晚。我在二號橋打完後，她短訊說在體育館那邊等我，我去到才知道，原來她中了水炮車的藍色水，剛剛沖過，但還是刺痛。一見面，我就上前擁著她，我們都哭起來，結果被記者拍下了那照片。」

我問哪吒，他懷念的，是她？還是那個夜晚？

12／媽咪：抗爭用語，亦稱家長。為年輕抗爭者對較年長，具經濟能力，不親自進行肢體抗爭，但會以經濟援助、駕車接送或庇護收留等間接形式，支持前線抗爭的女性示威者之暱稱。

「你問這個問題，我之前也有想過。確實像你所說一樣，我想念的，很可能只是那個時刻，而不是她。又或者這樣說啦，是那個時刻裡面的自己，和那個時刻裡面的她。我知道，我們性格也爆，相處有許多問題。但那一刻，我們抱在一起哭，甚麼問題都沒有，只有哭。但當停下來時，問題就浮出來。」

撤離中大後，淑儀突然對前線產生了恐懼。因此當理工大學開始打攻防戰時，哪吒想去參與，淑儀卻在安全屋中拉著他，不願他出去。

「她說很驚，很害怕。希望我留下來陪她，我沒辦法，就只好留下來。可是轉頭她收到救護隊同事的短訊，自己就趕著跑了出去。」

〈拾參〉福爾摩沙的哀愁

哪吒提到過幾次，自己和淑儀「是兩個不同階層的人」。我好奇，這個恍如浪漫愛情小說的階級設定，到底是甚麼？有次我忍不住問他。

哪吒說，自己住公屋，淑儀住居屋。他感覺這是種階級距離，是戀情跨越不過的鴻溝。我說我算是跟他來自同一階層，但怎麼就從來沒覺得，居屋女生有那麼高不可攀。

「我們在一起時，甚麼活動也沒做，但又因為抗爭，一起走遍了整個香港九龍新界。上環、金鐘、灣仔、銅鑼灣，一路到鰂魚涌、太古……整個港島線，也去過旺角、荃灣、沙田、深水埗、黃大仙、紅磡、元朗。只要有示威，甚麼地方都去。到台灣的第一晚，我們租了離機場很近的汽車旅館住下來。躺在床上，我突然對著她哭，哭得很厲害，雖然之前在抗爭裡也有哭過。但那晚，我哭得非常厲害。覺得自己對不起她，辜負了她，沒能力給她更好生活，雖然我不太肯定，更好的生活到底是甚麼，但總比現在陪我逃到台灣要好。

在台灣，終於有機會像情侶般逛街。有次在街上，我把吃完的食物包裝紙，隨手丟向垃圾桶，結果沒扔中，反彈到地上，我便蹲下來撿起那包裝紙。她卻罵我，幹嘛要去撿這麼骯髒的東西。她不是普通的罵，而是真的很生氣地在街上罵。我說這是一種正常有公德心的行為呀，垃圾沒扔中垃圾桶，就應該自己撿回來嘛。她堅持這就是骯髒，因為地上有很多細菌。結果我們就在街上吵起來。呵呵，你看，我們可以在街上一起擲汽油彈，跟警察打，卻因為一件垃圾，就在台北街頭大吵起來……你說是不是很可笑？」

哪吒知道，同隊有個經常一起作戰的男生也到了台中，於是專程坐車去跟他相聚。

「那感覺很難形容，過去除了他的代號，我連他的真實名字都不知道，不知道他在香港住哪，做甚麼工作，有多少兄弟姊妹，我甚麼都不知，只知道曾經跟他一起出生入死。當在台中見到他時，不知為甚麼，第一時間就上前去擁抱他。我從來沒試過這麼想抱緊一個人，還是個男人呀！我激動，因為我倆都沒被捕，還能在這裡見面。」

〈拾肆〉我不懂，也不知道答案

認識了幾個月後，有天哪吒突然問我：「我有跟你說過，和淑儀分手的原因嗎？」

他說和淑儀之間最大的矛盾，是她經常低估了勇武的危險性。每次關於行動或安全屋的細節，本應該屬於勇武小隊內的秘密，可是淑儀卻常隨便跟急救隊成員分享。網上早有流傳，急救隊中有警方派來的內鬼，經常會透過跟急救隊成員分享感情和日常瑣事，從中刺探關於勇武成員的聯繫。

就像其中的一個內鬼P，當知道淑儀和哪吒拍拖後，P不停勸說在第二次逃亡後回來的淑儀，哪吒身分已經曝露了。所以「為了保險」，她應該盡快將其他勇武小隊成員的身分也告訴他，讓P去支援。淑儀相信P這番話，於是來勸哪吒，哪吒卻認為P根本就是臥底，可是淑儀不相信。P自稱是警察內所謂「白警[13]」的線人，給出這樣的提議，可是哪吒聽來，明顯就是哄騙淑儀。他認為要是真如P所說，警方早已掌握所有情報，那又何須急著要透過她來套出資料？

在長途電話中，哪吒跟淑儀一一分析，可是她就是不相信，結果這事就成了摧毀二人感情的最後一根稻草。淑儀認為，哪吒不信任其判斷，哪吒認為淑儀沒有遵守其保密承諾，把他倆的事不斷向第三者透露。幾次激烈吵架，二人終於在長途電話中分手。

哪吒與淑儀，讓我想起了張愛玲《傾城之戀》小說中，范柳原和白流蘇的一段話——

有一天，我們的文明整個的毀掉了，甚麼都完了——燒完了，炸完了，坍完了，也許還剩下這堵牆。流蘇，如果我們那時候在這堵牆根下遇見了……流蘇，也許你會對我有一點真心，也許我會對你有一點真心。

二〇二〇年七月一日，國安法生效。勇武像香港瀕危的盧文氏樹蛙，早已絕跡街頭，救護員也再無急可救。他們之間的感情，也如這場戰役般凋零殆盡。淑儀回歸了她香港的大學生活，哪吒則在台灣試著重返校園，開展人生的下半場。

「現在要先讀完四年大學，然後出來找工作。做滿五年，第五年要有月薪四萬八台幣以上，證明自己有謀生能力，才能申請入籍。每天從家裡出來，單是去大學就要坐上一個小時的車，到哪裡也很遠，不像香港那麼方便。」

「要是問我，如何讓共產黨滅亡，我不懂，也不知道答案。只知道能夠影響到香港，那怕只是一點點，讓共產黨滅亡這個目標，就會近一點。」那時我其實是在問哪吒，回望過去，他有否後悔？這是他的回答。

13／白警：指警中少數暗中支持示威者的警察。

You think I'd crumble?
You think I'd lay down and die?
Oh no, not I, I will survive
Oh, as long as I know how to love, I know I'll stay alive
I've got all my life to live
And I've got all my love to give and I'll survive
I will survive

── Gloria Gaynor 〈I will survive〉歌詞

女　十七歲
訪談於二〇二〇年十二月至二〇二一年三月

第二回

然後在霎時之間想起我父母

〈壹〉嘩！乜原來我個女係暴徒

「我好喜歡吳雨霏的〈座右銘〉，〈分手要狠〉也喜歡。我爸身邊朋友的小孩中，我是年紀最大的一個。他們很早就生我，所以身邊朋友裡，沒幾個跟我同齡的小孩。他喜歡和朋友聚會，老帶著我跟那些 Uncle Auntie 一起玩。我常常被他們灌輸那些心靈雞湯，說『你應該怎樣怎樣』之類。我媽咪那邊的朋友，多數沒結婚生小孩，所以她常常帶我去跟她們卡拉OK，唱她們年代的歌。到我大一點的時候，才慢慢明白吳雨霏歌詞的意思，也因我比較念舊，所以就習慣了聽這些老歌。」

就我而言，吳雨霏是位新生代歌手；但對十七歲的晶晶（化名）來說，她是個舊人。

晶晶強調，自己是個成長在普通家庭的普通女生，生活一切正常，因為是獨女的關係，父母管教得很嚴，她就讀 Band 1 [14] 中學，平日放學後，必須在七八點左右回家。她特別提到，在她逃亡後，學校已降級成 Band 3。

「不排除跟我有關哈哈。我一走，馬上撐不起那個成績了。」

父母認為零用錢不能給太多，否則只會讓她四處亂跑，所以晶晶每星期只有三百港元，當中還包含了每日早餐和午飯錢。她說再省的兩餐，怎也得花五十元，一星期下來，頂多只能剩下五十元。因此她週末很少出外，只會跟朋友一個月一兩次，到葵芳廣場逛逛，即使最喜歡打的網路遊戲，也很少會課金買裝備，算是香港典型偏乖的少女生活。而這種規律，直到抗爭才被打破。

「我一向有搞些聯校活動，像 Ball 之類啦。七月時，高 Form 有個師姐提議搞

14／Band 1：香港中學的評核分級，其標準通常為：Band 1A 學校高比率學生升讀三大大學；Band 1 學校接近 30％以上學生升讀大學；Band 2A 學校有 20％以上學生升讀大學；Band 2B 學校有 15％以上學生升讀大學；Band 2C 學校有 8％以上學生升讀大學；BAND 3 學校通常不公佈此數字。

個關注組，於是我和同級的三個女生，兩個男生一起，組成了校園關注組出去參加活動。那時我也只跟我媽說，和朋友去喊喊口號，貼一下文宣，連闆狗[15]都不敢提，當然更不能告訴她，我是有一個 Team 的行動啦。」

晶晶平日會去貼文宣，示威時就到物資站幫忙。現場資深抗爭者會教導她示威手語，如何搬物資。

「當撤離時，重要的東西才拿，例如小瓶裝的水，因運送方便，可留著下次用，三四公升那些大的則不用，反正拿著也跑不了。生理鹽水、豬嘴[16]和眼罩就一定要帶走，因為都是貴價物資。」

晶晶會把物資拿回家，藏在自己睡房衣櫃。母親有次問過她，她推說因為其他人不方便拿回家，才暫儲在她這裡。可是母親也不傻，晶晶每次出去都總背著大包，又全身黑衣黑鞋，她忍不住追問女兒。

「那時她才知道，嘩！乜原來我個女係暴徒？還要跑路？會被狗追？嘿嘿，由那時候開始，他們就不讓我出街了。」

〈貳〉催淚親子羊腩煲

「基本上，我爸媽都是黃。媽咪比較黃，阿爸是司機，對他來說，只要阻不到他搵食，生活上甚麼都不關心。但許多親戚是藍，所以我爸媽有甚麼意見，都盡量不在他們面前表態，不然就是家族糾紛。

我家住新界，識得不少圍村人，七二一的時候，連我爸媽還有點相信，那套

15／閘狗：抗爭用語。指在示威現場挖苦、唾罵警員，跟其爭辯，或以強力電筒及觀星筆等照射他們。是種介乎於和理非及勇武肢體衝突之間的行為。

16／豬嘴：泛指帶有濾罐的防毒面具。

所謂甚麼白衣人『保家衛族』的說法。直到八三一，他們看著新聞，警察衝入太子站車廂內一直打人，就在電視機前大罵髒話。我當時很生氣罵他們：『你們兩老在閒電視幹甚麼？與其花時間去閒部電視，不如下次出來幫手啦！』

你記得九月，元朗不是再次有衝突的嗎？那時候關注組的朋友都來了元朗。他們問我，為甚麼還沒出來。最後，爸媽跟著我出去，算是家庭親子活動吧。可是出去了，他們卻走去冬菇亭那邊，坐下來吃羊腩煲。我去會合隊友，看看有甚麼可以幫忙。我在大馬路的另一邊，和爸媽相隔兩、三條街，後來為了躲避警察，我跑進公園。這時收到我媽電話，說她那邊警察一直射催淚彈，弄到在吃羊腩煲的她眼睛十分澀痛。爸爸擔心，於是跑出外面找我。

那是我媽第一次吃催淚彈。我跟她說：『你用出門前我給妳那瓶生理鹽水來漱口跟洗眼吧。』誰知她竟然告訴我，出門時把生理鹽水留在家中。我好生氣，給你裝備，就是為了拿來用呀，妳竟不帶出來？我在電話裡罵她，你們出來不是說要幫忙嗎？去吃羊腩煲也算了，還要麻煩急救員來幫你善後？結果我只好拋下隊友，過去找我媽。

她吃了TG[17]後身體虛弱，我只好陪她，上附近世叔伯開的樓上私人酒吧休息。他們見我媽情況就罵我，說為甚麼要帶母親去那麼危險的地方。我承認，當時有些偏激，直接就發飆回罵，你們人人都不出來，只是隨便買些贖罪券，吃吃黃店就當抗爭了，那香港誰來救？就是因為Uncle Auntie你們一直不爭取，才讓我們這輩如此辛苦。叫你罷工你們又不肯，連叫你們站在街上貼貼文宣，幫忙Share一下都不肯，試問你們為香港做了些甚麼？

我就一直閉這些Uncle。他們也反閉我，說即使要抗爭，做做文宣就好，不一定要站得這麼前啊。我實在聽不入耳，說你們要做一早就做了，用不著現在來給

17／TG：抗爭用語，此處指警方發射催淚彈（Teargas）之英文簡稱。但有時抗爭者亦以TG代表常用的手機溝通媒體Telegram。

我說教。結果我被罵哭了。

這時，一個比較溫和的Uncle跟我說，他們也是黃的。但為了生活，不是說罷工就能罷工，可是在下班放假時，他都有幫忙買物資送現場，甚至駕車接載抗爭的小朋友。那時候我才知道，原來那些Uncle Auntie中，也有暗黃在幫忙支援前線的。

那晚之後，爸媽態度有點改變。開始會捐錢，吃黃店，但最大的轉變，是不再阻止我出去。但當然，還是希望我抗爭時，能用手機發一下位置，和說句平安。」

〈參〉後山的聯校活動

「現在告訴你知也沒關係，反正這事後來都曝光了。天水圍有個後山，我們一群中學生，就在那裡練習掟汽油彈。我掟得不好，練習不是掟得不夠遠，就是樽口布碎鬆甩，好幾次還差點掟中別人，大家說我不是掟火魔的材料，叫我別花時間練了，不如去學怎樣調製吧。

我和手足試了不同材料混出來的汽油彈，看哪個效果會最好。後來發現，原來天拿水得混入花生油和洗衣粉，還要加糖粉，糖粉就比白砂糖好，這樣火勢才能更猛……哪個牌子洗衣粉？我不記得了，只記得它好鬜臭，但爆起來是最好的。我在後山做了好多次實驗，燒完後，地下留下一大灘污漬。」

那時到天水圍後山研發和練習拋擲汽油彈，成了晶晶熱衷的最新聯校活動。晶晶和關注組朋友，在中秋時舉行聯校派對，期間認識一些勇武，晶晶和這些新朋友決定組成小隊，每次示威時結伴出動。晶晶亦成了勇武和中學生之間的溝通橋樑，負責在家儲存裝備，行動時帶出來分發給大家。

「有次我在元朗幫手拆欄杆，設路障。還沒有設好時，警車突然殺到，那是我最接近被捕的一次。我跟你講，那狗只差幾秒就可以捉到我了。有好幾隻狗在追我，我不斷跑，當時我還有一個女伴，她雙手各拿著玻璃樽在跑，大概因為太害怕，她向後擲樽，應該是想擲那狗的，可是卻差點擲中了我。那時候我實在很害怕，跑到後段不是沒氣力，而是開始驚到腳軟，於是我只好大喊救命。

當時是清晨六時，街上甚麼人也沒有。記得追我的那個，是交通女警，我跑到一個街市裡躲起來，大概她感覺到我很害怕，於是放慢了腳步，沒再追我，可能是打算放我一馬吧，不肯定。但我好肯定，只要她再多跑兩步，差幾秒就能抓住我。我不知道她出於仁慈，還是收到上頭指示，要去別的地方。

經過那天後，我體會到一件事，原來設路障的風險也很大。而反正都有被捕可能，那倒不如直接升級好了。所以十一月的黎明行動[18]，我試過與小隊去水泥廠偷水泥，然後晚上趁輕鐵停駛後，將水泥粉倒在路軌上再加水，讓它凝固在那裡。還試過跟一班大哥哥去破壞電箱，把火棒掟到電箱，引起爆炸。但真正進入自己掟火魔，是要去到理大的時候，我之前跟你說過吧？我老是掟得很爛。」

〈肆〉I Have Nothing, Nothing, Nothing

來到台灣後，晶晶有幻聽和自殺傾向，醫生確診她患上躁鬱症，雖然有處方藥物給她，但她想盡量不吃。

「到現在，每次聽到突然的大聲響，仍舊會讓我緊張起來。」

除情緒問題外，晶晶也避免跟支援抗爭者的家長和其他組織聯絡，因她既不想拿援助，同時亦害怕別人以她名義去籌錢。

失眠時，她會一直玩那個自小學時就開始的《英雄聯盟》賬號，玩到瞓再睡，

18／黎明行動：二〇一九年十一月抗爭者發起另一波的三罷行動（罷工、罷課、罷市）統稱。行動大都始於清晨時分，目標為堵塞主要道路及破壞港鐵設施，癱瘓當日城市運作。其中包括十一號的黎明行動、十二號破曉行動、十三號晨曦行動、十四號曙光行動、十五號旭日行動及十六號的榮光行動。

醒來點個外賣又繼續。除了懶出外，晶晶也不想獨自在餐廳裡吃飯。她每天平均會用上十二小時手機。當然，這統計數據也是用手機查出來的。

「近來好愛 Whitney Houston 的〈I Have Nothing〉，這也是我爸媽年代的歌。來到台灣後，我可以一整天不停地播這歌。我知道它來自一部舊電影，但從沒看過，有機會的話，也想找來看。」

晶晶早已習慣孤獨，因為除了是獨生女外，她亦曾在中學時，長時間面對過網路欺凌和同學杯葛。

「我在校內搞些聯校活動，那時學校有種好奇怪說法，就是只要你和高 Form 的同學來往，就會被人給你扣個罪名，叫『搲高 Form 名氣[19]』。當時 I G 興起玩一種匿名問答，就是開個匿名問答戶口，然後連上自己的 I G，其他人就能以隱藏身分去問你問題，結果我同級的同學都匿名來問我，說你為甚麼老是『搲高 Form 的名氣』？點解你咁樣衰？點解你這麼不要臉？點解你發姣？以為自己很索？那時候我很不開心，對每條匿名問題，都去回應去反駁，現在回想當然很無謂。但那時候沒辦法，一定會駁的。」

過去晶晶生活雖然經常都圍繞父母，但不代表沒有戀愛機會。

「全都是一個月以下的散拖。第一個男生，是我由小學五年級開始暗戀，直到中一才開始拍拖，結果只維持了兩天。我發過毒誓，永遠不再跟同校生拍拖，因為我怕分手後會尷尬，所以之後的拍拖對象，要不是聯校活動認識的，否則就是網友。後來再跟同班同學拍過一次拖，仆咗街，之後真尷尬得要死。幸運地升中四的時候，大家沒編到同一班，基本上在學校裡不大會碰上。當然，也可能是他在避開我，我也在避開他吧。」

第八次拍拖，晶晶總算突破了一個月死期，發展出一段較為穩定的關係。但

19／搲高 Form 名氣：指透過以結交高年級學生，來爭取自己的知名度。

這場暴烈狂潮，卻把她步伐打得如風飛沙。

〈伍〉MK系臨時淥彈團

「我是十六號進 Poly（香港理工大學）的，之前我一直只是研究如何製造汽油彈，真正去掟是到入了 Poly 之後。之前別人掟時，我只負責幫忙拿傘作掩護。Poly 是我第一次，沒想到也是最後一次。

那時候我很傻，Poly 已經開始打起來，好像有消息傳說已沒甚麼路可以走，但我不知道，還直接自己一個進去。主要是因為之前參與聯校活動的那 Team 人，已經在裡面，所以我決定去幫忙。他們打電話給我，說物資不夠，問我能否帶些生理鹽水進來，我剛好在旺角開完聯校聖誕晚會的籌備會議，收到電話後，就趕緊拿著生理鹽水和食物進去了。

他們還提我，說紅館那邊還有路可以進去，但必須要帶學生證。因為要是沒學生證，現場守大門的抗爭者不會讓你進去。那天我穿得完全就是個MK（旺角）妹Look，一點裝備都沒有，但他們說沒關係，裡面有很多，進來就好。

進去後遇見其他抗爭者，他們叫我幫忙製汽油彈，當時校內已有一條汽油彈的生產線。我在製汽油彈時，幾個人圍過來問，需不需要幫忙，於是我們五個人又走到另一邊，坐在A Core的7-11附近，開始研製漆彈，那是把油漆和汽油加在一起，既能引起爆炸，又可以將火沾在接觸面上。

秘訣是油漆和天拿水先灌入樽底，油漆比較粘稠，不容易倒進去，必須用天拿水把它混拌在一起，再灌進玻璃樽裡，這樣做個底部。注進去後，隔一段時間它們就會分離。掟之前一刻再向玻璃樽注入Gas。這樣樽落地爆開，Gas和天拿水會引發爆炸，而帶火之油漆會濺到四周。

我發現，只要有足夠材料去製作，漆彈效果遠比普通汽油彈要好。這是現場研究了幾小時的結果。我們從下午一直弄到晚上，一面製作一面玩電話，結果整個電話都沾滿了油漆。」

晚上八點多，晶晶還一直也沒找到原來叫她進來的隊友，於是她打電話給聯校活動的另一朋友，才知道原來她已走出理工，在附近吃東西。她叫上晶晶，於是晶晶就帶著她新組成的漆彈團成員到外面吃晚飯。

朋友說，校園外圍防線不夠人，著她飯後上前線幫忙拿傘和遞汽油彈。

「於是吃完飯後，我穿上雨衣換了鞋，就在前線撐傘擋水炮車的攻擊，我在那邊，第一次掟自己有份製作的汽油彈。」晶晶說出來的語調，平淡得像在參加一場校際交流活動。

〈陸〉圍城之戰

她一直守在前線到凌晨兩點，因為水炮車噴射的藍水太刺眼，加上和女生朋友失散了，她決定先到後排洗個澡。之後發現朋友眼角中了彈，正在B Core休息。於是就過去找她。

「那時搞聯校活動，經常會到不同大學，看看哪個房沒上鎖，就直接進去開會。所以我知道，學生會大樓裡面的房間，多數不會鎖門。我帶她去了V core的一個房間裡休息。她眼都腫起來，一直喊著覺得暈，為照顧她，我待到五點多。此時外面突然吵起來，而且之前在TG中叫我進來的那些隊員終於短訊我，說他們已經逃出了理工，正在外面的一個路口，他們問我在哪，說要駕車過來接我。我和我朋友商量要不要走，可是她一直頭暈，所以只好躲起來。

早晨七點時，聽到有留守者要在飯堂開會，於是我們也去參加。他們的結論是既然那麼多出口都被封鎖了，不如找個突破點一起衝出去。原本計劃是衝到T字路口的那個巴士站，後來亦真有一群人成功了。

朋友的狀態稍好了一點，我們決定一起出去。當時我不知道，許多路口已被封，結果還未走出理工，已嗅到很濃烈的催淚煙，許多人在推撞。我們決定再找個地方躲起來，之前躲的那個房間已經被其他人佔滿了，於是只好進去拿回自己的毛巾和乾糧，就到飯堂給手機充電。

還在理工內的隊友，叫我到V Core某層的一個房間，敲門後告訴裡面的人，我是誰介紹來的，他們就會收留我倆，然後等有機會再走。」

晶晶和朋友到了那裡，其他間接認識的人，也逐步來到房間。

〈柒〉又有人出來

房內有人提議，從理工旁火車廠路軌逃走。十多人贊成，但又有人堅持，大夥該轉去後山那邊找小徑，可是後來在TG群組中聽到，後山有飛虎隊在捉人，於是大家又決定放棄後山，重新往路軌那邊出發。

但她們在火車廠外一直找不到路進去，晶晶心情忐忑，幾個同行的人開始情緒有點崩潰，說不想再找路，直接放棄就算。同時又傳出，前立法會主席曾鈺成受人所託，要進理工大學裡帶一個身分不明的女生離開。這時警方提出只要願意走，到正門登記了的人便可以回家，但不保證日後不檢控。結果同行的女生，還有幾個受了傷的人，決定跟進來的中學校長登記出去。

剩下來的晶晶，遇上本身沒進入理工的朋友之男友，及該男生的朋友，於是決定幾個人再次往車廠路軌處尋找出路。他們找到一個鐵欄的空隙可以爬進去，同行還有其他滯留校內的抗爭者，大家循這空隙爬進車站，可是因為人多聲音大，最終被附近警察發現。

「那裡要爬過一個鐵欄，才能直接跑到路軌。當我爬的時候，見到車站內有兩個警察，其中一個拿著佩槍指著我，阻止我離去。那時候才發現，他不是要拘捕我，而是要阻止我逃到外面，後面有些人已經退回去，我和朋友的男友商量，要不跑回理工，要不就直接跑進車廠。那時候鐵欄的範圍，已經算是離開了理工，我們都覺得反正警察不多，不如直接跑過去，躲進車廠裡。

警員見到我們衝進車廠，也沒攔截我們，只在外面守著大喊：『有本事就一世躲在裡面，看你們能躲多久？』

車廠內，原來已有些先前已逃進來的人。記憶中不知是二十八個還是三十二個。我們聯絡理工那邊的大哥哥，希望他們找人來救我們，也有人嘗試剪鐵欄，但都不成功。我一直躲在廠裡差不多近四小時，沒東西吃，手機也無法充電。這時爸媽已經收到消息，到了理工外那油站附近守候著，他們一直發短訊來說：『阿囡，又有人出來了啦，你出來沒有？』然後一直勸我，向警方登記出來。那時電話開始沒電，我那女生朋友又很擔心她的男朋友，一直短訊我去找他。結果我和那男生決定，與其在這邊呆等，不如逃回校園。

後來我媽打電話來，說有人游繩到下面天橋位置，叫我馬上也從那邊逃走，他們會安排車來接我，我趕緊去大家游繩那兒。那時候要游繩下去，得先爬出行人天橋的平台，我已經爬出平台，和其他人一起排隊準備下去，剛爬下繩子，突然收到我媽電話，說因為安排的車還未到，著我先回到行人天橋上再等一下。現在回想起來，當時真的很笨，明明已有一大堆不認識的家長車在下面天橋，把逐一游繩下來的人接走，我卻偏要等我媽安排的車？我那時不知道自己為甚麼，就真的聽我媽說，爬回行人天橋上去。

結果她的車遲遲未到，那逃走位置已被發現，警察向我們爬繩位猛射催淚彈，大家又得撤退離開，我幫忙拿傘擋那些射過來的催淚彈。下面天橋上的一些家長車被狗攔著了，最後我又只得回到 V Core。

之後，百多人衝到大學附近扮示威者，原本有人計劃安排打破一個窗，從那兒跳下去，扮作其他示威者一起撤退，可是那時訊息很混亂，大家傳來傳去，我一時間跟不上，趕到那位置時，事情都已經完結，只有少數人逃脫，大部分都是錯過了時機。

我在那房間來來去去，裡面有些人逃走了，又有新的人走進來，我終於崩潰大哭起來。」

最終，晶晶成功離開了理工。事後她才知道，那時是因為有個女生在天橋上逃走期間，被警方推撞，掉落到底層路軌，所以車廠那裡才會有警察。可是後面的新聞，一直沒提過女生墜橋一事，因此她也無從得知當事人是否安好。

「結果警方也沒進來大學搜就撤退了，後來才知道，有些人就真的一直躲在房間裡，最後也沒事。只是當時我情緒實在很崩潰，根本無法冷靜思考。」沒多久，父母就安排她離港赴台。

〈捌〉然後在霎時之間想起我父母

二〇二一年的農曆新年後，跟晶晶約了好幾次訪談，每次到預約時間的一天或一小時前，她總會臨時取消。直到三月底有晚凌晨四點，她短訊問我睡了沒有，我說因跟她在不同時區，所以還是醒著，她說希望電話聊一下。一接通，她就解釋說，近來躁鬱症發作，情緒很不好，所以想趁今天心情還可以，就抓緊在電話裡多聊一下。她問我還有甚麼問題，我說不聊訪問也可以，或隨她想聊甚麼都行，於是她開始說起自己的感情煩惱。

「之前有跟你提過，我來到這邊後有點不適應，所以躁鬱症中度復發。在香港我本來那個男朋友，來到這邊後一直封關見不了，加上躁鬱症，所以不想再 Long D

（遠距離戀愛）下去。我想出去玩，喝喝酒，認識新朋友，於是就跟他提出分手。」

後來晶晶在酒吧裡認識了一個男生，他是晶晶一位女生朋友的男朋友。當天他跟所有在場的人說，自己已經跟女友分了手。晶晶和他互有好感，後來二人就發生了關係。往後她才發現，原來這男生根本從沒未跟女友分手。晶晶和他女友，雖然只是彼此有共同朋友，但也算相識，因此這事在朋友圈中，引起一陣非議。IG上，那女生的朋友，對晶晶進行網路攻擊。

對於此事，晶晶懊悔不已。回想起來，她發現自己更希望跟香港男友復合。她想挽回和男友之間的感情，只是這次台灣的感情瓜葛，也透過網路，傳到了香港男友那邊。

「本來看完那些網上攻擊，我還算冷靜。我也告訴過你，小時候我就已經面對過這類網路欺凌，但因為我長期失眠……（突然旁邊有人問她，要吃辛辣麵還是出前一丁）出前一丁……問題是，我現在已經很後悔跟男朋友分手，好想挽回啊！

甚至黐線到在看機票，想找機會入境。這邊的朋友一聽到都阻止我，把我的護照沒收了。他們問我最近有看新聞嗎？說有消息指，警方打算控告從理大攻防戰中出來的所有人，所以他們都怕我會做傻事，現在每天一個接一個的輪班看著我。」

大概這就是凌晨四時多，晶晶家中還有人替她煮麵的原因。

「到台灣後，我在電話中跟爸媽吵過許多遍，已經不想跟他們講話，甚麼人也不想見。我一整天躲在屋裡聽〈I Have Nothing〉，但聽著聽著，又突然發現，原來我也不算是 I Have Nothing，爸媽對我已很不錯，我不明白自己為甚麼從來沒發現。

很奇怪，在運動前，我一直覺得她們管得我太嚴，不錫我。但在運動中，我反而慢慢改變了這想法。運動開始時，我身邊有個同年的朋友，來自單親家庭。她被警方拘捕，需要家人保釋，於是我趕去聯絡她媽媽。但她媽媽竟然毫不關心，索性完全不理。比較起來，當我困在理工內時，父母第一時間就趕到外面……我才發現，原來他們一直都很緊張我。即使現在我跑到台灣，他們不是常常跟我通電話，但言語間，我還是感覺到他們一直關心我。原來我以前一直誤會了他們。他們很疼我，我有這樣的爸媽，已是很幸運，很不錯了。」

如果 Whitney Houston 還在世，晶晶父母大概得寫封信去感謝她。

「躁鬱症有自殺傾向，朋友都很擔心，經常要來看我，但他們不明白，我是不會自殺的，起碼現在不會。你知道為甚麼嗎？因為我是香港人，起碼要等到有天我能回到香港，我才會安心去自殺。在沒回香港之前，我是不肯死的。」

電話裡，我提議她也可試聽 Gloria Gaynor 的〈I Will Survive〉。畢竟，青春有青春的莽撞，老歌有老歌的治癒。

我沒有離開香港，是香港離開了我，因為香港給綁架了。我要香港常存的話，我就要把它帶走，藏在我的心裡。在我的生活當中，無論我在那裡，我要活出一個香港人。

—— 黃國才・前理工大學設計學院助理教授
（二〇二一年七月移居台灣）

男　十九歲

訪談於二〇二〇年十二月至二〇二一年一月

第三回

冒險，只爲那八百元

〈壹〉會掟不會造

「我觀察了很久，掟火魔的，基本有兩類人。一種是不想傷人，他們掟向牆，掉向地，甚至胡亂掟，除 Team Kill 外，基本是傷不到人；另一類是用盡力掟向警察，就是想他們受傷害。我跟你說，很多人是第一種，但我是第二種。我真心想他們有肉體傷害，而不是阻止追捕。雖然整場運動中，我沒掟中過一個警察，但我還是和第一類人有分別的。」

有研究員採訪曾參戰的士兵，他們憶述於戰場開槍時，會故意比訓練時射高一點。這並非因為瞄不準，而是潛意識不希望殺人。我忘記了在哪裡讀過這文章，但我跟十九歲的 Lukas（化名）分享這觀點時，他否認自己如此。

「我真心希望擲中對峙的警察，哪怕一個也好。但他們每次總是站得老遠的。」結果即使他再奮力拋擲，還敵不過地心吸力與物理。

「我不是一開始就仇恨差佬（警察俗稱），以前本身是個徹底的港豬，只喜歡打機，甚麼遊戲都玩，《英雄聯盟》呀《Rainbow Six Siege》呀《Battlefield》呀《Call of Duty》呀之類。從不關心甚麼政治、大陸呀！雨傘時我中三，只知道較年長的同學去堵路，連甚麼訴求，為何會發生都搞不清楚。

六一二那天，我沒參加，看到射催淚彈那一刻，仍覺得只是警隊中有些壞份子。後來去現場站後排，偶爾幫手掘磚和遞物資，讓我看到了更多濫捕和警察打人，才知道沒有警察是無辜，由覺得部分差佬不合理，到慢慢覺得這群都是人渣，大家咒他死全家，不是沒原因的，是死不足惜。

這些仇恨不是突然發生，而是慢慢累積。當然你可以說，我選擇掟火魔是突然決定，那是七二一元朗事件當晚。元朗發生襲擊時，旺角灣仔還在繼續打，我那晚不在元朗，在TG（Telegram）群組中看到了消息，那刻開始有報仇心態，想用更激進手法去傷害他們。

那天根本沒打算站得那麼前，還戴著地盤用黃膠頭盔、3M的6200雙豬嘴面罩，沒護甲。那時物資站或欄杆下，總會有人放了幾支汽油彈，後勤位置一定沒有，只在前線才有。你看到附近有人在掟，只要伸手大喊『火魔！』，就會有其他抗爭者自動遞給你，根本不用自己去弄。我是從七二一那晚學會掟，但要到十一月理工大學時，才開始學會怎樣製作，之前都只是會掟不會造。」

〈貳〉聯群不如單嫖

自小父母離異，母親是抗爭運動支持者，可惜Lukas和父親同住，他說父親「不只是藍，根本就是紅」。

拍拖五年的女友支持運動，但只限於網上聯署、社交媒體派嬲嬲[20]和forward些抗爭資訊等。當她知道Lukas開始參與前線抗爭時，曾勸他別走得太前，當然她也明白，阻不了他的決心。

Lukas 到旺角廣華醫院後面的軍事用品店，買了頂金屬的戰術頭盔，口罩從 6200 換成 6800 全面型面罩，成為黑衣火魔法師。他每次都不會帶汽油彈，因為這樣更安全和機動。反正現場從來不缺汽油彈；缺的，只是人和決心。

中秋節（九月十三日）前，Lukas 與朋友加入了一支沒名字的勇武小隊，全隊有八、九個成員。只是 Lukas 自參與了小隊後，反而沒機會掟汽油彈。

「因為得服從集體決定。隊中也有過爭拗，大家仍未決定到要掟，或許是突破不了心理關口。於是小隊行動時，我反而要把武力降級，每次只能跟隊員一起，用浮板做盾牌，組成盾陣與警方對峙。」

20／派嬲嬲：當對 Facebook 出帖者或該帖的內容表示不滿、反感時，按下 Angry 表情回應的方式。抗爭者以此向親建制人仕，及公開支持政府之品牌社交賬戶發動的攻勢。

除限制了武力提升外，Lukas和朋友也發現，小隊負責人向家長要求物資和金錢援助，但資金卻從未用在小隊上。為此Lukas和朋友決定退出，他自己再次回到獨行俠式火魔法師的行列。不組隊，不開會，不集體行動，只在TG接收資訊，一人出發。

我不禁好奇，當時經常有人懷疑警察有臥底滲透前線勇武，他這樣單獨行動去加入現場抗爭，有否被其他示威者懷疑過。

「我比較好彩，每次參與時，都沒被人懷疑。大概因為我身材太矮小，大家都不信我是警察。」

香港有句俚語叫「單嫖獨賭」，意指嫖妓時應單獨去，忌聯朋結黨，免走漏風聲，或被出賣嫖情；賭博時也該獨個兒賭，防同伴影響下注決定。這是千錘百鍊的世俗智慧，亦為Be Water先驅。如今歷劫紅塵，江河回望，才驚覺如此孤狼行徑，反成最大優勢。當眾多勇武小隊要不行蹤洩露，要不被人滲透。獨家村讓

Lukas 密不透風，沒固定模式可追。整場戰役，由開始到逃亡，他從未被捕。

〈參〉八百元大冒險

「最接近要被拘捕的經歷，算是十月一國殤日。那天我比較晚到，結果擠不進政總那邊，於是和其他示威者去包圍狗總（灣仔警察總部），當時聽到政總那邊手足要撤退，我們就堅守狗總防線，等其他抗爭者從金鐘退到灣仔再一起離開。

可是政總那邊的人，突然毫無預警，拔足就狂跑去皇后大道東那邊。手機群組中，我們聽到他們說，前面有速龍部隊已經落地，正展開大圍捕，要我們這邊也得撤退。於是我們也往銅鑼灣方向跑，我跟著跑了一會，聽到前面修頓球場已經有警察在圍捕，因我比較殿後，貼近最後撤退防線那批，還未跑到那裡，所以沒被抓到。

我一聽到消息，就決定轉入街市那邊，想從皇后大道東走向銅鑼灣，但又聽到警方在英皇中心附近也設了防，截了一批抗爭者。示威者於是想往山邊走，警察一直迫近灣仔街市，我想躲進商店，但所有商鋪都拉下閘，附近街道也不熟，正要找路走時，二百米前有手足大嗌『這邊有狗呀』，看到有防暴警察落地，我第一次覺得，今日應該是逃不了，街市裡有個大型垃圾箱，不是平常的小型垃圾筒，而是那種綠色的、有上蓋掀開的大型回收箱，我躲在它旁邊，還一直在掙扎，到底要不要跳入去躲避。

附近手足已經逃得差不多，只剩下零星幾人。我開始聞到催淚彈氣味，於是第一次抛掉身上裝備，手套、黑衣、豬嘴全丟掉，裝作路過途人，若無其事的走向銅鑼灣。

我也知道，應該連頭盔也一併丟掉，因為萬一被警察截查，搜出頭盔還是逃不了的……但我就怎樣也捨不得，它花了我八百元呀！我沒拿過任何家長資助。那頭盔都是靠自己在飲品店打工，賺錢買回來的！」

為了爭取社會公義，Lukas 寧可犧牲自身安全，押上前途去犯險；卻始終捨不得放下那頂八百元的戰術頭盔。

〈肆〉頂到射完就是贏

「中大保衛戰，我忘了是十一，還是十二號進去，那天剛好有黎明行動，手足在早上已經在二號橋和警察打了一次。但警察沒留下，後來我聽到下午又有狗殺入中大，才馬上收拾裝備趕去幫忙。

那天晚上，校長來到校園，我是在校長來之前進去，大概五、六點左右吧。我整晚都在二號橋最前線，要是你有看新聞直播，會見到前線有人頂著塊很大的圓木板，在那擋子彈，我就是其中一個。我們是從飯堂抬出來的，事後我看過記者拍的照片，可惜我剛剛被其他人擋住了哈哈。」

Lukas 憶述，那晚有示威者製作了一支土製火箭炮，從二號橋後面山坡向警察發射。

「其實我也搞不清楚那個是甚麼炮彈，只是忽然聽到，上面有下很刺耳的聲音『焦——啵』，這樣的一枚火箭就射向警察防線。打中後爆炸起來，警察那邊馬上瘋狂射橡膠子彈和催淚彈還擊。

那晚橋上打得很激烈，我們這邊擲了數百枝汽油彈。整場保衛戰裡，最慘烈的就是盾陣。因為在盾陣中，不停有手足被子彈或催淚彈打中受傷要抬下來。二號橋上，成晚不停聽到有人在大喊：『盾陣要人』、『盾陣要人補位』，於是整晚我就被拉了去填補各個空缺的洞。

現在回想起來，我是有點不知死和超好運。因為根據過往經驗，頭盔雖然保護到我，但活動上不方便，所以我那晚索性將頭盔除下，整個中大的過程，我完全沒戴頭盔，因為背囊已經負重，再戴著頭盔長期在跑，會讓我頭痛。」

所以在最激烈的戰鬥中，Lukas 索性選擇不戴那個他曾經拚死都要留住的頭盔。

「我知道這樣很瘋狂，當時我拿著盾，旁邊有三個手足，上面兩個，下面一個。你可以幻想成一個T字，我在中間，他們就在我上下，幫忙拿傘阻擋子彈，我在擲汽油彈，他們都有戴頭盔。但我親眼看到，三個圍著我的人，輪流被子彈打中頭，而且中彈位置，都是頭盔覆蓋不了的面和眼，結果我還得幫忙，一個個的將他們抬往後面去急救，然後再跑回前面補位。

我當時在思考，參與這場社運的經歷和意義。有三個人輪流在你身旁被爆頭，怎可能不害怕？但沒辦法，怕還是要站在那裡，因為要是每個人怕了就後退，那誰來守這條防線？這樣便一定沒有機會贏。所以我還是一直堅持留守在盾陣，直到水炮車出來才後撤。」

〈伍〉從來都是暴動

聽著 Lukas 在說，那個晚上，只有堅持才有機會贏。我忍不住問，那到底他贏的標準是甚麼？

「我覺得很搞笑，那時候贏的定義，就是只要一直守得住，守到他們把子彈全打光，最後不得已撤退，那就代表我們贏了。因為根據過往經歷，要真正傷害到他們是很艱難的，一來距離很遠，二來他們的裝備都保護得很好，跟我們的沒得比。所以我們在沒有專業裝備的情況下，只能夠跟他們打拉鋸戰，一直堅守，就看那一邊能堅持下來，那一邊再沒人沒彈藥，便是輸了。」Lukas 說。

「所以——你能做的策略，就是一直站在那裡讓他射，射到他們沒子彈？」我問他。

「對，就讓他們射到沒子彈，所以後來他們才迫著要出水炮車。」

「但是他們可以回警署拿子彈，又可以重新再來射你們。不是嗎？」我問。

「對啊，這也沒辦法，只能繼續堅守。雖然聽起來很蠢，但我們能做的，就只有這些。我從來都不相信甚麼五大訴求，一開始就不相信。因為香港人面對的，不是港方政權，而是她背後的中共政權，你要求中共答應那五大訴求？這怎麼可能？有人以為林鄭月娥答應就行，即使她下台又如何？那根本是沒意義，她只是個傀儡，你明白我說甚麼嗎？

所以我的想法是，對付極權，就必須用極端方法，例如火魔，甚至殺狗。不可能再只是遊行示威唱歌，而是每人手握一支汽油彈，出來就不要討論，直接就掟，不只是零零星星的勇武去掟，而是必須達至政權口中指控的所謂暴動。

其實一直以來都應該是暴動，所謂抗爭，只是個美化我們行為的說法，讓多些和理非能聽得舒服入耳罷了。我們需要的，是整個香港的人都參與暴動，這才有可能讓中共聽到我們要求，雖然不代表他們一定會答應，但至少能逼到他們必須考慮。

當然，我知道這不可能，因為能突破心理關卡的人實在太少，大家不能只突破到接受別人掟火魔，而是要突破到一起去掟。」

〈陸〉何爲邪鬼何爲神　二號橋上捉放曹

水炮車雖然在二號橋上沖散了防線，但警察亦開始撤離，於是 Lukas 轉往一號橋幫忙。

「那時一號橋上的抗爭者，建立了中大的入境處，檢查所有從外面進來人仕的證件。你有看直播？一號橋上建了那座類似堡壘狀的塔，就是我和朋友一起搭建的。大學站對面有個工地，正好有許多建築材料可用得著。

一直守到第二天晚上，中大學生會的抗爭者，與非中大生的勇武們開始爭拗，說誰該聽誰的，也有抗爭者開始懷疑誰是臥底誰是鬼。勇武們心灰，於是嚷著大撤退。凌晨一兩點，我就跟著大夥，在六條柱附近的山邊離開，回家休息。」

除了指揮權的爭拗外，Lukas 認為最主要的導火線是，當時在二號橋上接受傳媒訪問的幾個抗爭者，竟擅自提出重新開放，一直被他們封鎖了二號橋下的吐露港公路，讓車輛通行。

「其實這只是那幾個人的決定，並不是所有在場勇武們的集體決定。二號橋是所有勇武一起打了一晚才奪回來的，這麼多人受傷，怎能你說放就放？還要直接跟記者宣佈？那就變成不放不行，所以大家決定散了。

基本上，我們是以不對等武力去跟這政權對抗，毫無籌碼，而吐露港公路就是唯一一條從大埔出沙田的高速公路，二號橋橫跨吐露港公路上，這是我們難得有的籌碼，怎能夠這麼輕易就放棄？

嚴格來說，不應該守甚麼陣地戰，始終會物資短缺。但中大確實有利防守，因為警方只有一條路可攻入來，大學站亦只有一條隧道，用雜物堵住就可，山路也很少，易防守。加上當日下午拉了幾個人，在場的人都情緒激動，才決定堅守。後來重看，是應該撤的，因為警方最後也會把所有路封鎖，要是守太久，還是會變成理大那情況。」

〈柒〉沒說投降的投降

在中大打得最激烈的那兩個晚上，紅磡的理工大學已有人提出要堅守。

Lukas 十四號凌晨，離開中大後回家休息。然後同日黃昏，就和一起守中大的朋友進理大。這次他索性不拿上那頭盔，怕沿路被截查。

「黃昏時，警方還未包圍，可正常出入，也沒甚麼衝突發生。我和七、八個手足組了個臨時團隊，出去尖東 Neway 卡拉OK附近，裝修一下星巴克和其他藍店。星巴克都拉下了閘，我們就強行撬開，進去內部裝修。本還想裝修多些藍店，可是商場保安開始過來，只好撤退。」Lukas 對於裝修藍店和中資店鋪早有經驗，他在自己所住的區內，也不時參與破壞親共陣營的商鋪。

理大頭幾天相對平靜，除了偶然出外裝修，Lukas 大部分時間，都是去幫忙做汽油彈、設路障，以及輪班守天橋；其餘時間則跟不相識的參與者，彼此訴說分享抗爭經歷。

「我守的那條橋，正是後來燒掉那銳武裝甲車的地方。為了防禦警察攻進來，每更至少有三四十個勇武在守。」

每個抗爭老手，都有自己關於製作汽油彈的配方。Lukas 不像第二章受訪者的晶晶那樣加顏料和糖粉，反而專注於天拿水混合白電油。「我覺得這樣效果最好。」

物資從四方八面運入。Lukas 估計，當時校內大概有一千人左右，以食品和其他物資的充裕程度，絕對足夠所有人留守一個月以上。

可是後來出現的撤退潮，Lukas 認為，物資雖然足夠，卻敵不過心態上的壓力。許多當初一股激情進來的中學生，因為手機沒電，無法聯絡外界，情緒就變得不穩。

「要是沒發生尖東十萬人聲援那一晚（十八日），可能狀況還好一點。正因為那事發生後，裡面的人就會想，連十萬人都不夠那千多個防暴警察打，我們只有幾百人，如何有勝算呢？」

當初網上有不少人激昂慷慨地要大家湧去守理工，都說這是 End Game，是香港阿拉莫（Alamo）之戰。只是大夥進去時，抱著阿拉莫般蓋天豪情，卻並非每人都持阿拉莫之死守決志。

「其實沒有這種心理準備，就不應該進來。要是 Poly 是第一次打，沒心理準備還能理解。但已經經歷過中大一役，你進來，就得有以死相搏的決心，如果沒有，根本就不應該進來。你沒有這準備，又要驚，又要守，又要走。那你進來，只不過是打卡，浪費了前線的努力。你雖然沒講投降，但已經在做著投降的事，這就已經輸了。這麼多人因為你們進來而受傷，這樣是辜負了他們的犧牲。」

Lukas 自己因同行戰友中，有未成年者，最後他亦選擇跟大家一同撤離。

〈捌〉流亡中的幸運兒

理大出來不久，Lukas 決定，與跟他進中大理大的手足一起逃亡。

「母親希望我走，父親也沒責怪我，只埋怨為何明知不夠打，還堅持與警察對抗。我反駁他，正因為知道不夠打，才要去跟他們抗爭，不然只會一直被共產黨壓迫，沒有機會突破這個困局，問題只會一直惡化下去，我爸沒再說話。說起來，他也不是很藍，只是希望安於現狀。」

守中大和理大時，Lukas 每晚和女友通電話。她說不敢看直播，因為害怕在電視中，看到出事和被捕的那個是他。他倆一起已經五年，這是 Lukas 第三次拍拖，彼此在追韓國少女組合的粉絲團裡認識，大概當日一起追逐韓星時，壓根沒想過日後會成為政治流亡者。

Lukas 可算流亡者中的幸運兒，女友雖沒上前線，但為了他，也轉往台灣升學。二〇二〇年暑假，Lukas 暑期工賺到錢，買了輛電單車，載女友到北部旅行，也到過台中的六福村和麗寶樂園。他說女友雖然沒案在身，但也選擇不回港，寧願等家人飛來台灣探望她。

「她過來，純粹只是想跟我一起。我們現在計劃是，在這裡念完大學，就申請到加拿大，不是因為有親戚，而是聽說只要找到工作，我們入籍條件是最快的。我個人覺得，台灣這個地方好像也不宜久留，這四年有蔡英文，之後呢？根本無法保證後面接任的是甚麼樣的政黨？我擔心的，是萬一親中政黨上台，我們這些流亡的，就隨時會被捕或遣返，所以我才打算離開。英國不太想去，我不信英國人，美國又好像不穩定，都自顧不暇，所以加拿大好像比較適合。現在沒必要，也不打電話給香港家人，免得被國安監聽。目前還幸運，國安沒來過，希望接下來也不會啦。」

在台灣的日子裡，Lukas 認識許多同樣流亡的手足。他感覺基本上可分成兩大類心態。

「一種是依然對運動充滿希望，很有衝勁，時刻想著要反攻香港繼續打，覺得是快要贏了；另一種像我，早已看清楚，根本沒有贏的可能。其實現在發生的事情，早就預料到，只是早了到來。目前只能希望臨死之前，在煲底找回我們最後應得的尊嚴。和大夥談過後，我發現我算是少數的後者。

前者很有趣，即使二〇二〇年立國安法，全港有不少區發起大遊行，當時他們還一心想著要回去幫手打，還圍在一起說，可能還有希望，要不要大家一起去買機票，甚至計劃打完後，再坐飛機回台灣。

我看到他們這麼激動，實在不忍心潑冷水，於是好言相勸說：『慢慢來吧，將來還有大把機會的，現在先好好讀書，再找機會回去也不遲，在外國做到的，一定比在香港更多。』」

〈玖〉人在頭盔在

我忍不住問 Lukas，到底他認為，這些流亡者是真心相信，還是只不過口頭宣洩？

「不知道。」他想了一會說：「大概兩者都有吧。即使和我一起流亡來的朋友，他在這裡鍛鍊的，不是提升知識，而是體能上的實力，還終日幻想要回去幫忙。但一個人再健壯又有甚麼用？只是我從小學就認識他，過去他是個不敢表達自己，和不太積極的人，現在看到他一個人來到這裡，又那麼積極有目標，我也不太好意思跟他坦白。」

整理訪問錄音時，我忽然想起一個聊了幾次的話題。就是他那頂價值八百元，還害他差點被警方逮捕的頭盔，現在到底在哪呢？

「走的時候好匆忙，甚麼人都沒通知，只跟爸媽說了。後來我擔心有國安上門調查，於是越洋叫朋友到我家，把衣服、玩具、電腦，以及所有跟抗爭有關的東西都拿走，將來即使有國安警察上門，我也只是個去了留學的普通人。

所有跟運動有關的東西都丟了，但只留下了那頂戰術頭盔，現正正放在我一個好朋友的家。我一直記掛著它，之前有想過請朋友把它寄來台灣，留個紀念嘛，但又怕害朋友出事，因為現在這些戰術頭盔，都已成了戰略物資違禁品，寄的話可能會惹麻煩，所以還是先讓他保管著。」他苦笑了一下：「總有機會拿回的，總會有的。」

面具之下不止是肉體，而是理念。肉體可以被子彈殺死，但理念永恆不滅，也無畏無懼。

—— 電影《V 煞》（V for Vendetta）台詞

男　廿五歲

訪談於二〇二一年一月至七月

第四回

面具下，我只是個戇鳩肥仔

〈壹〉到底想我打還是不打？

「你不易哭吧？想先確認一下。因為初到時，他們（協助流亡者組織）問要不要給我安排做心理輔導，你知道啦，許多手足都有那些甚麼創傷後遺症嘛，我一聽就問，要不要錢的？他們說免費不用錢，那我說，好啊，就聊一下。誰知聊著聊著，那個負責輔導我的傢伙，竟哭得比我還厲害，嚇死我！所以還是事先問清楚，你易不易哭啊？……不易？那就好。」為了訪談順利，沒必要讓阿金（化名）知道，我在運動中已經飲泣過無數次。

香港在九七年回歸後，政府為培養年輕人的愛國意識，特首董建華提倡中學開設通識教育科。這是香港少數能具實際功能的科目，只是並非如政權所期望的方向。當時正念中三的阿金，因為通識而開始接觸許多社會議題，之後同學們為了完成小組功課，就一起參加了悼念六四集會、七一遊行和反國教集會。「所以通識科真是香港政府最捉蟲[21]的科目，之後就是……這樣囉。」他說著苦笑一下。

二〇一四年雨傘運動，通訊軟件 Telegram 剛興起，阿金加入大量的抗爭群組。九月廿六日學生衝入公民廣場那晚，他決定開始獨自去現場八卦一下，看看有甚麼好玩的事。

「我做售貨員，下班常會到旺角佔領區巡視，那時有很多黑社會來騷擾，十月三日晚上，我看到黑社會圍著佔領區那大台，接近有十排人，連記者都無法走近，他們一群人正跟年青人在衝突，我看到他們追打著一個大概讀中三、四的女生。因當時我穿著西裝，所以沒有出手，但我回去再想，覺得自己有義務替那個女生復仇，因此決定走上這條勇武不歸路。」

由於憤怒，阿金下班後，每天會花十二、三個小時在佔領區內遊走，有時到義工那裡幫忙絲印T恤，有時參加小麗老師的流動教室。那時佔領區有許多這樣

21／捉蟲：粵語俚語，全句為「捉蟲入屎窟」（捉蟲塞屁眼）。意指為做些本來就無益之事情，結果連累自己受更大的傷害。為免不雅，通常會將後三字省去使用。

的流動教室，講解抗爭和民主的概念。

阿金認識了一群志同道合朋友，組成「暴力團」。他們在佔領區附近巡邏，要是有人過來騷擾年輕示威者，就會以粗口大罵。有時候發生推撞時，他們會一面大聲勸籲唔好打，一面暗中向目標批踭，或用力按對方穴位和插眼。

阿金說，那時候示威者還會對這類暴力還擊行為有所譴責，因為大部分抗爭者都是信奉和理非，但他從不會理會這些過來勸阻的和理非。

「有些和理非的心，像女生一樣我摸不透。有藍絲過來騷擾，我們打起來時，他們總會在現場勸阻叫不要打啦，失民意呀，但事後同一個人又來問，我們教訓那些人，怎麼都沒見血？我搞不懂，你到底想我打還是不打？」

阿金認為，雨傘運動旺角佔領區的經驗影響了他很多，因為作為一個高大胖子，他過往從來沒打過一場交。但在運動中，讓他有自信在街上喝罵黑社會，甚至毫不介意跟他們動粗。「不蒙面時，我看上去只是個戇鳩肥仔。但戴上面具後，我身型看起來就好像很大攻擊力，所以他們都不敢隨便就跟我打。」

隨著雨傘運動結束，當時佔領區的這群暴力團，有些人回到原來生活，不再參與社運；阿金卻由售貨員轉行地盤工人，同時積極參與各種社運，在後來的魚蛋革命、光復上水等行動裡，都有他身影。

〈貳〉憤怒敵不過時間

二〇一六年的旺角魚蛋之夜，本身沒加入本土民主前線的阿金，因為有朋友是成員，因此也去現場探望朋友，順道看看有甚麼可幫忙。

「我十時左右才到，大概是食環職員想騷擾小販，被群眾趕走的時候。後來警察來了，但片刻又往後撤，大家都放鬆了，但可能我有被害妄想症啦，總覺得他們在試水溫，於是我去跟蹤警察，發現他們正在朗豪坊上海街那邊集結。還一直運物資過來。要是真的撤退，怎可能還會搬物資到來呢？我一直監視，見越來越多警察，還有一個高台，於是趕緊跑回去攤檔那邊，告訴本民前朋友，警察正要進來。可是他們認為應該不會有事。但一轉頭，遠處已經開始打起來。我開始把小販車推到朗豪坊地下戲院售票處外那條路上，並盡可能找些攻擊性武器。

後來我在一個小販檔找到滾油，卻沒容器盛載；有個小販檔被推倒，上面有燒紅了的炭，可是沒有鉗子；最後我拾到一把小販跌在地上的鉸剪，於是趕緊拿起來追著阿蛇（警察俗稱），最後要弄到阿蛇開槍，真不好意思呢呵呵……」

魚蛋之夜結束後，阿金和隊友開始進行體能操練，有心的泰拳和格鬥技擊教練，會在晚上舉行一些義務訓練班，十多個抗爭者出來，在公園進行混合格鬥的技擊訓練。阿金說自己雖然一直鍛鍊，但從不是以減肥為目標，因此即使操出肌肉，還是那種偏胖身型。

勇武的出現，遠遠比香港政府想像的來得早，甚至比那二百萬遊行的示威抗爭者為早。「最前線，打得最狠的勇武，不是從反送中運動才出現的，也許有部分是。但許多核心成員，從佔中時代就已開始育成。」

阿金團隊成員，基本上可分成二〇一九年前和後兩個時期，前者大多是佔中時就認識，魚蛋之夜後就經常集體操練。「其實在雨傘後到一九年之間，已消磨了不少人意志，到反送中時，我叫過去一起操練的隊友出來，卻差不多八成人都退出了。我打給個過去一起上前線衝的手足，說『喂，要出來啦』，他竟說下月要結婚，最後憤怒還是敵不過時間，大家都徹底放下了。」

所以一九年抗爭開始後，阿金不再像過去那樣，熱衷跟隊友保持聯繫。大概因為不想再承受一次大部分人脫隊的打擊，所以選擇現場隨緣，就像到球場踢足球一樣，你多去幾次就會發現，在現場誰打先鋒誰打後衛，來來去去都差不多是同一批，到時見到就同行好了，互相不用有聯繫。

但許多抗爭支持者，總懷疑某個勇武是臥底，原因是常有些前線手足大大隻隻、渾身肌肉。於是大家都以我劃界的一口咬定，怎可能會有抗爭者這麼壯健？肯定是狗啦！於是大堆「網路捉鬼師」迅速育成，既有連登仔[22]，亦有《蘋果日報》專欄作家（說自己能以肢體語言，判斷哪個勇武是警察），或是所謂的網台KOL，人人喊打當仁不讓地進行前線獵巫行動。對此，阿金一笑置之，說不介意，反正他自己也曾經歷過這階段，沒落過前線的人講話都沒成本，是不可能明白的。

〈參〉前線 Cat Walk Show

家中長期擱著一個抗爭背包，裡面有著替換衣服、索帶、急救用品、鐵筆和地盤工具，就像日本家庭備有的地震求生背囊一樣。阿金內心早已期待著下一場風暴的來臨。因此二〇一九年六月十日，他一看到有示威者堵路，就趕緊回家拿背包。

他不想戴頭盔，因為覺得戰術頭盔太貴重，萬一逃走要丟掉就太可惜；普通的黃色膠工地頭盔也不想用，因為它擋不了警方的橡膠子彈和催淚彈，只能稍微防範一下後排抗爭者從後擲上前排的磚頭。他寧願選擇靈活走位，而不想戴上頭盔。

「這種 Team Kill 才是最可怕，圍攻理大那一晚，我有兩個女生朋友，被後排擲過來的汽油彈濺得全身濕透，連內褲都染滿了電油，幸好那個汽油彈沒著火。人人都高估自己臂力，站在十排後，還要向前擲汽油彈，以為自己是 Iron Man？」

阿金選擇不加入那些勇武小隊，因為他發現，不少勇武小隊雖然有齊全副美式裝備，卻做著不專業的事。

22／連登仔：LIHKG 論壇，俗稱連登。香港的網路論壇，於二〇一六年十一月開始運作。連登仔指論壇上註冊並且經常發言之用戶。當中聚集了大群年輕香港人，包括各階層人士和學生，匿名各抒己見。部分人於網外相聚，一起協同行動，當中多為本土抗爭的支持者。

「你穿著美軍制服，還有迷彩和戰術背心，彷彿行天橋 Cat Walk 時裝 Show 一樣。但你這樣穿，事後如何坐車走？要找你太容易了吧！他們不管甚麼時候行動，都穿得像海軍陸戰隊，這樣很不利隱藏。我認識一小隊，全隊這樣裝扮，結果第一天出動，就全軍覆沒被抓。這也沒辦法，不能怪警察，是你們實在太好抓嘛，不捉你對不起自己。我寧願像那些女手足一樣，直接穿著小背心熱褲來，起碼這樣在現場，可以鼓舞士氣，振奮軍心。」

〈肆〉等著你來台

六月十二號衝突，讓阿金感受最深的，不是跟警察對抗，而是與抗爭者之間的矛盾。

「我從來不會在現場捉鬼，但問題是即使對方不是臥底，甚至是所謂同路人，或是激進抗爭者，但當大家提出倡以武制暴時，他們常會反過頭用這觀念來阻止其他抗爭者。這些人明顯不是警察，只是看不順眼別人的抗爭手法。

那天速龍從政總煲底把人趕出夏慤道的時候，我在海富天橋上，我心裡就想，『機會嚟喇！飛雲！[23]』橋下那些速龍，有一個舉上 AR15 步槍，我趕緊拾起磚頭從橋上擲他。後面有個勇武糾察，雖然他全蒙了面，但我認得之前好幾次抗爭中見過他，是那些泛民政黨的人，平日在示威區時他的行動，比他的黨主張要激進。

他馬上罵我：『他媽的你幹甚麼？知道下面還有其他手足嗎？你這樣用磚掟狗，其他人會有危險的，萬一他開槍怎麼辦？』他一直拉扯著我，我懶得理他。

23／機會嚟喇！飛雲！（機會來了！飛雲！）：形容出現一些難得的機會，應當機立斷好好把握。源自日本動漫《魔神英雄傳》（魔神英雄伝ワタル）中，香港配音的對白。當中飛雲為主角戰部渡的香港譯名；而此話則由主角座駕機龍神號所說。每集近結局時，龍神號會跟飛雲說這話，而飛雲便會使出絕招。此話及後被網民引用，成為香港網路潮語。

我上天橋時，就已經扛了些磚頭，放在天橋不同地方，方便等一下用，於是我趕緊再拿另一塊磚擲向下面警察。

他一直追著我近兩三分鐘，跟我拉扯，我已經是一個暴徒裝扮，他也是一個暴徒裝扮，你可以想像，那是在天橋上兩個蒙面黑衣暴徒的互鬩衝突，其他勇武也衝過來。那糾察跟其他人說，是我搞到下面的人開槍，於是一群人衝過來把我壓向天橋邊。

那時候我整個人已經被抽起，腳也離了地。雖然我知道他們不是打算把我推下去，但當時確實很危險，要是大家再拉扯，我很可能會失重心從天橋上掉下。幸好這時有個中年婦女過來勸大家說：『自己人，自己人，別爭拗』，於是在十幾人拉扯之間，我終於逃走了。

這種情況常在現場見到，一些很激進的人，經常會在現場鬩一些比他們更激進的人，坦白說，我不明白這邏輯在哪裡，到底要激進到甚麼程度，才能夠算可接受？過了某條線就要該被其他激進派罵？好像你閉我擲磚會引發警察開槍，其實我不擲，警察都一直開著各種各樣的槍，催淚彈、橡膠子彈、胡椒彈通通都射，不擲這塊磚，真的有這麼大神奇力量嗎？

那傢伙這種暴力勇武糾察性格，早就入了他的DNA，我在菜街（旺角西洋菜街）早就已經見過他們這些人，用這種暴力方法來維持所謂『勇武的秩序』，但誰知道這個事情對運動有沒有幫忙？

我雖然不知道他名字，但認得那傢伙。有時候會想，最好他也著草（流亡）來台灣，要是他來，我會好好招待他。」

〈伍〉老兵凋零

除了那糾察，阿金對其他抗爭者不同路線的爭拗，卻出奇地豁達。

「其實都沒所謂啦，一四、一六年早已經歷過，大家拗得臉紅耳熱，不斷分裂，許多分裂了不再往來的人，在一九年要打時，又會再在前線聚集。所以我認為，這些分裂都只是短暫的，在等著下一個重組的機會。我老叫抗爭者別看那麼多 Facebook 和網台，因為看得多了，聽得多爭拗，立場都會越變越快，我見過很多抗爭者的立場，變得比百家樂的莊閒還要快。但你有閒情，就去高登討論區看一下舊的抗爭貼文。

有些新人在 Telegram 發表的意見也挺可怕，例如他是二〇一九才剛剛睡醒來參與，提出的想法，幾年前在高登討論區，已經有些像他一樣的天才提出過，也在一四、一五、一六年實戰中，證實了是行不通的。我經常很想告訴他們，不是要你把每條舊帖都重溫，只是大家就先稍微看了才上前線好嗎？因為過去很多帖，已經很詳盡地講述了某些方法不通的原因。現場兵荒馬亂，不想罵新手，只是沒空跟你爭辯，那些已經用三年驗證的事，因此我還是要用髒話喝停他們。其實我們前線有很多老手，許多方法我們是用坐牢來驗證了哪些 Work，哪些不 Work。

然後你又提出原來的方法，重新來現場做實驗？那就肯定碌閂啦！

例如鐵馬如何拆如何綁，某條街怎樣攻怎樣守。就像一四年守山東街，我們知道如何能 Work，甚麼位置能守，甚麼時候甚麼位置能衝，有些位置不用很多人就能迫退警察，這些都在五年前經歷過，難道要在現場叫你開 YouTube 看嗎？

在第二次圍警總（六月廿六日），大家不知道要做甚麼的時候，你記得那個@@@嗎？對，就是那社運老嘢，那天他出來站在高處，拿著擴音器叫：『大家好，我是@@@。等一下我會做這些事情，這樣這樣這樣。』他一四年開始抗爭，已算個老手，只是對很多新人來說，正所謂『有名有姓，品質保證』。大家聽完他說，就向他反喊：『我們知道啦，你是@@@嘛！哦，我們等下就不跟你了！』當然，我也認識他，有些時候他也不願意聽我意見。我也不明白，你都不是新人，幹嘛行事還堅持像新手般不智？」

〈陸〉打唔中咪無事囉

阿金認為 Be Water 這口號，雖然一定程度上幫到運動。但問題是大家的 Be Water 態度，並沒貫徹於運動的每個時刻。

「我眼中見到的，大部分人在警察衝過來退卻時，馬上就很會 Be Water；但我就很少看到水能穿石這種形態。許多時候，面前只得一排警察，明明我們人數多過他們很多，有足夠力量去衝散他們。但每次需要 Be Water 向前衝時，大家遇到警察噴胡椒噴霧便馬上四散。拜託！那不過是胡椒噴霧呀！又能怎樣？學馬沙[24]話齋：打唔中咪無事囉[25]！說起來，警察從來沒幾次能射中，我大部分的傷，都是給自己友掟磚掟雜物時擊傷的。你知道嗎？我們在前線經常說：子彈不可怕，從後面掟上來的磚才可怕，因為命中率高達100%。」

有些團隊開始從不同途徑尋找槍械，阿金認為現階段來說是不切實際。射擊需要訓練，而本地能夠練習射擊的空間不多。與其找槍，他更相信刀的殺傷力。

「之前訓練，有玩開武術和兵器的師傅，來教我們如何用刀，所以我對用刀是有點自信啦。我們也有學習日本劍道的隊員，分享許多劍道上用刀的方法，不斷的練習。

我常把刀放背包帶去現場，不是那種小摺刀，而是啹喀兵[26]用的長開山刀。通常都是坐地鐵，不知為甚麼那時根本沒有擔心，就是有信心在地鐵內不會被截查。雖然我們都帶刀上前線，但彼此定下用刀的標準很高，除非遇到有人對前線手足構成生命危險，我們才會出刀幫忙，否則刀還是只會藏在背包裡，畢竟我們這些

24／馬沙：日本動漫《機動戰士高達》（Mobile Suit Gundam）中主角死對頭，駕駛紅彗星機械人的敵國軍官。

25／打唔中咪無事囉（沒擊中就沒事）：動漫中馬沙的台詞。後成為網路用語，常被香港網民引用。

26／啹喀兵：二次世界大戰後，隨英軍駐守香港之尼泊爾裔廓爾喀（Gurkha）人傭兵旅，曾守衛香港近半世紀。

愛刀之人，有些刀很貴，萬一現場用了，要丟掉就很可惜啦。所以有時候，也會帶那些在刀具店買，十二元一把的切肉刀，很方便，刀身厚，即場拆掉包裝就帶去，它的好處是十二元，無所謂，丟掉不可惜。

藍絲撐警集會，就是鍾鎮濤和譚詠麟上台大聲支持黑警那天（六月三十日），我們買了那種十二元刀到現場戒備，以防藍絲廢老在集會後騷擾抗爭者。八月五日大三罷那天，我們帶刀在各自所住的區巡邏，幸好整天都沒有拔刀的需要。只是晚上收到消息，有男手足在荃灣被黑幫斬斷了腳筋，我和同伴馬上帶開山刀趕過去，雖然不知道斬人的是哪幫派，但我知道那幫人撤退的集合點，因此我們想找機會給手足報仇，可惜沒找到對家。

我在我家附近的燒味店的後巷坑渠裡，藏上一批十二元的刀，讓它們泡在那些坑渠瀡油裡，浸上幾星期，去讓刀鋒生銹發酵。你知道嗎？用那些豬油泡出來的鏽，只要插進身體再拔出來，你即使就醫，也是浪費藥費的。」

阿金和同伴後來去查看，刀刃發鏽很成功，只是刀身實在太臭，拿著走近目標時，不可能不被對方嗅出來，結果計劃只好擱置。

〈柒〉放乾血後的平靜

阿金父母都是從事基層工作，兩老不太理解兒子所為。但每次有街坊或朋友指責兒子「搞事」時，父親還是會不斷反駁，以示支持兒子，有時候甚至迫得要阿金去阻止。

「我常常要阻止他在公開場合跟人爭論。我告訴他，這些話日後都有可能成為證供啦！他總是沒想太多，只急著想為我辯護。甚至有警察來上門找我時，他還在說：『我兒子只是平時衰，和上班遲到而已！才沒有那麼壞！』唉。」

阿金在長期參與社運抗爭及被捕經驗的經驗中得知，不同警察部門和地區警署的被捕紀錄資料，許多時並不共享。因此他經常在不同案件中，會給出各個接近自己家、但又不是真實的住址，因此只要看到附近某戶被警察拍門時，他就能得悉到底是哪一宗案件在找他。

他在發現警方上門拍其他門時決定趕緊逃亡。後來警方終於來過他家搜屋，卻沒能把所有東西搜出來。反而家人卻在警方走後，找出了他藏在家中的數百顆子彈。

「他們打電話來問我，我說趕緊丟了吧……對呀，我是說過槍沒用呀！那時我也沒找到槍，但剛好有門路找來子彈，所以才先藏著。不過現在說這些都沒用了。

回想起來，當時我知道有槍的人可不少，但問題是你決心要拿槍，又是否真心把命豁出去拚？要是真心拚命，那肯定能殺一些黑警。但問題是別人用槍指著你，就算你手中拿槍，你夠膽開？是否打得中？

來到台灣我胖了很多，必須振作，最近開始做回伏地挺身、倒立等運動。以前在香港忙，反而會珍惜時間，盡量偷出來操練。現在來到這邊，加上疫情，不用上班，不用上學，覺得反正甚麼時間做運動都可以，結果就甚麼都沒做。現在所有事情都好像變得不用趕，我原本要去洗澡，但洗澡前看到房間亂，於是先收拾三小時，這在香港根本不可能。

現在和父母聊天，都只敢閒話家常。畢竟一開始逃亡時，他們每次通電話都哭哭啼啼，但哭了幾個月，甚麼眼淚都流完，現在變平靜了。他們要哭時，我都會由得他們，像殺雞一樣，你得放血，血放完了就好，眼淚流乾了，就會平靜。」

〈捌〉單車還是單車

雖然身在海外，但他仍做著港獨及光時旗[27]等網購生意。「現在海外活動多，

27／光時旗：「光復香港，時代革命」口號旗幟的簡稱。二〇二〇年七月一日，國安法實施首日，廿四歲青年唐英傑，駕駛插有光時旗電單車衝向警員。被控以煽動他人分裂國家罪及恐怖活動罪，法官指光時旗含港獨意味，判其入獄九年，該案成為國安法的首宗案例。

這有著大量需求，世界各地都有生意。」

運動過了兩年，阿金認為在他身邊的人，通常有兩類，十多歲的抗爭者都會叫大家堅持留守；但像他這類九十後的，則不斷叫人離開香港。

「對我來說，會有兩個考慮，首先你走到海外，對香港未來有沒有用途？這是排第二的考慮。排第一的，是你留香港會否有實際危險？如沒有，去海外又會否浪費抗爭組織的資源，成為負擔？

就我的情況來說，如果留在香港打官司，可能就要找六一二或星火這些基金幫忙律師費，那起碼得花二十萬港幣以上。所以我會問人，要是你留在香港，會否消耗像六一二基金這些資源，如果不用消耗，那你就不用走。

要是你留香港，不用消耗資源，走出海外又無法自立，需要別人接濟，那你的出走，就是變相成了海外組織的負累。」

對於有些在囚的抗爭者，要求大家要繼續堅守留香港，阿金認為像他這種老抗爭者，都經歷了幾個年代的社運循環，而且自己也到了海外，所以對這些觀點，他並不太願意多講。

「我還有許多隊友目前在香港被通緝，有些被沒收了護照，但即使有護照在身的，也肯定上不了飛機。他們都選擇不走，當然有些人是在選擇前就已經被捕，但沒被抓的，也只能四處躲藏，堅持要與香港共存亡。有時候聯絡得上，會和他們在電話說幾句，但通常都只是彼此開開玩笑：『怎麼你還沒有被抓到？昨天看到新聞，還以為死了的那個是你？』

現在香港除了一般的通緝外，還有些是內部通緝令，就是可能某隊重案組上門拘捕你，但要是找不到，他們又不會出正式通緝，當然可能你離港就會有問題，但一般在街上被軍裝警員查身分證時，是連不上的。

過去一起操練的這幫兄弟，大家經常會有句口頭禪，就是：『搏一搏，單車都可以變摩托』。結果呢?單車還是單車啦。」

〈玖〉不夠勇氣才造炸彈

我問阿金,自二〇一六年開始就訓練,準備要和警方對陣,結果在反送中運動開始了幾個月後,就馬上流亡海外,心裡會否有點不甘。

「要是只需坐三四年的牢,我真願意留下來搏命,起碼這三四年不用想如何打黑工,如何賺錢過活。坐完後可回到正常生活。雖然你說香港會變了,但總會有工作嘛。當然,這是以三四年刑期做前提去考慮啦。今時今日,只判三四年,勇武已經可以劏豬還神了。可是那時候牽涉的,是會被判十年以上的案件,所以必須走。這個案還牽涉到其他人,有些手足還在香港,因此也不能說太多。

雖然逃亡之前,我已把大部分有機會成為罪證的東西都棄掉。但那些刀、電腦還是留下來，這些都價值十多萬元呀，是我全部家產。我不捨得那些刀……但現在，刀已經擱在證物房了。」

總不可能把香港所有刀也沒收。有時收得了刀，收不了刀客以死相搏的決心。

在相約阿金最後一次採訪的前幾天，發生了七月一日梁健輝鬧市刺傷警員再自殺事件，我們不期然聊起此事。

「這對整個抗爭來說，有點像那種心臟起搏器（AED），不是用手做的心外壓那些（CPR），而是直接貼在身上電一下，把整個人震動起來那種。整個運動已經沒心跳了一段時間，出了這事情，好啊，電一下，有人會覺得痛苦難捱，但你問我，這樣電一下，我反而精神了。

像我這種膽小的，連續練習很多次拔刀出來這過程，因為必須練到純熟，在找到機會拔刀時，整套流程才可一氣呵成，因為一拔了刀，就回不了頭。

那時候我練了很久，多次帶刀出去尋找目標，但還是找不到適合對象，看過這片我終於明白了。他是決心做完事就自盡，而我可能沒有這個覺悟，所以對我來說，那些目標就不好找；他有覺悟，目標就比較容易找。

你知道這個人最厲害的是甚麼嗎？不是刺警員，而是他刺完後就馬上刺向自己。我也玩過這種刀，也幻想過萬一要用刀自我了斷是怎樣。當然，我沒有下定這個決心，但也試過稍微劃一下自己，就發現內在的自我抗拒力很大，很難夠膽直刺自己。

刺人已經不容易，刺自己就更難，換了是我要刺自己，怎也得深深吸一口氣，可是你看那影片，他兩刀都下得很快，看他落手之清脆，我覺得已經去到《這個殺手不太冷》（Léon）那種 Professional。」

阿金談到最近的刺警案，和光城者的中學生被捕，控告在尖沙咀賓館內製造炸彈。對此，他有他的獨特看法：「這樣造炸彈，是不夠勇氣啦。」

為甚麼？

「要是夠勇氣，就直接像梁健輝那樣用刀，但因為用刀去殺人和自殺都需要極大勇氣，並不容易。相較之下，躲起來造炸藥，就不用這麼大的勇氣。我從小就打 Call of Duty，所以很明白，有些事情總得有人去做 Dirty Hand。從運動開始，我發現黃絲總是很乾淨，而那些骯髒事，總得有人去做，那誰去做？就由我們來，我的隊友每一個都是拿命出來的。所以你問我，那些中學生最後被捕，我會不會覺得可惜？正所謂『出得嚟行，預咗要還』，我們選擇做我們要做的事，就必須要有這覺悟。我們沒有相應的武器，所以能拿出來賭的，就只有自己的命，就看這樣能讓大家走得有多遠。」

那個陽光燦爛的清晨，我跟阿金道別。掛了線後，才赫然發現，自己無法守住承諾，眼淚撲簌簌地偷落下來。只是一時間無法分辨，我到底是在為阿金、為光城者那伙學生，還是梁健輝而流淚？但回想種種，又有何分別呢？

遺忘，讓被扼殺的生命又遭受一次不幸
——一種比肉體生命消亡更深刻的不幸。

—— 譚松

男　廿多歲

訪談於二〇二一年一月至七月

第五回

一條耶撚（或坐時光機來現代的原始人）之反思

〈壹〉Winter 未有 on Fire

「因為要做通識功課，所以中學時知道，每年有六四燭光晚會和七一遊行。只是那時忙讀書沒參加。直至上大學，忽然有了種知識份子的社會責任，大概因為聽了佔中三子的演講，覺得自己應該為社會多做一點事，但還是比較傾向那種知識份子式討論，加上我是一條耶撚（年青人稱呼基督徒的網路術語），所以比較和平理性非暴力。直到看了那部《Winter on Fire》（烏克蘭革命之紀錄片），才慢慢有了要豁出生命的決心。」

佔中時，摩西（化名）參加了盾組，站在示威第一排抵擋衝擊，衝擊有時是來自警察，有時來自黑幫。

「我沒約朋友一起去，因為教會那些朋友雖然對運動表示支持，但只是背包上掛條黃絲帶，或社交媒體換個頭像，要不就是『我很想參與，但不能走太前』，所以懶得叫他們，只會聯絡那些在運動現場認識的人，因為彼此知道大家能走在前面。每次出動，不論港島或旺角佔領區，都會聯絡相約一起去。」

那時摩西還未進展為真正的勇武，只是比一般示威者有更多肢體衝突。後來在金鐘佔領區的大台，激進參與者上台發言，提出以武制暴這口號，讓一直徘徊於到底該和平還是升級的摩西心中，有了個清晰的導向。

「因為我很猶疑，我們一面說和平非暴力，只是有限度讓政府停擺，嘗試迫政府接受訴求；但另一面又面對媒體和親建制群眾的質疑，指責我們的路障阻礙人謀生。我們一直有種自我約束，覺得不能再升級了。此時像四眼（鄭錦滿），以及行動講台那些激進的方向出現後，我才找到一個理論支撐點。」

雨傘運動失敗後，摩西覺得要參與更多公民覺醒行動。他沒參與政治組織，因他覺得不少政黨背景都很複雜。只是他在傘運期間，認識不少本土民主前線成員，因此成為了他們的義工。同時也開始參與抗爭者自行組織的體能訓練班，嘗試練出更好的體能，以應付日後可能發生的肢體衝突。

「那時覺得，只要能做到像烏克蘭那等級就可以，但這想法其實跳過了許多步驟。因為即使打得贏那些狗，就能代表香港政府會跪低嗎？烏克蘭總統是連夜坐飛機逃亡的。那時我們還保留著佔中時期的想法，以為就能感召到大家。那時候大家都喜歡講四個字，我覺得很難聽，就是**撼動政權**。只要我們再做多一點，就能讓政府跪下來，聽取我們的聲音。所以當時我們帶著這種思維，只不過是太孱弱，只要我們強壯起來就好。香港這種國際城市，中共怎樣也不會做得太難看，應該會跪低的。

那時候我們就是帶著這種天真去操練，其實也挺搞笑，因為我們從沒受過軍事訓練，所以得用上很多年，由光復行動到後來的魚蛋革命，才能做到烏克蘭那程度了，以火作路障，有掟磚掟石掟汽油彈。但作為局內人，那時才發現，我們使用武力的方法是有了，但並不像那紀錄片，市民的延續與響應沒有發生，大眾根本不支持。」

〈貳〉社運夢一場

摩西希望找尋終身伴侶，但除宗教信仰外，雨傘運動後他還加上一個條件，就是得政治立場相近。在這樣的條件下，他要到廿二歲大四那年，才找到第一個女朋友。

「雖然也很渴望拍拖，但看過《Winter on Fire》，我第一次有要犧牲的覺悟，甚至不介意因此而死。所以雖然渴望拍拖，但又覺得有所保留，因為如果我要坐牢或犧牲，女朋友怎麼辦呢？這不是人人都能承受到的。」

女朋友支持運動，也支持勇武，但她有個小小疑慮，就像許多抗爭者的父母一樣，支持不割蓆不分化，但不希望上前線的，是自己的兒子或男朋友。

雨傘後，摩西和當時認識的人一直保持聯繫，看到不少人生活上都各自取捨，有人完全淡出社運圈子，而摩西卻一直堅持下去。

「有些在佔中時認識的朋友，魚蛋革命後被判刑。而最遺憾的，是我無法再去探他們監，相信也無法接他們出獄了。其實香港人一直有著一份天真，由雨傘到後來的五大訴求，一直都模糊不清，不敢說真的是在革命，甚至我們的勇武抗爭，也沒說清楚是革命。正因為這種模糊，注定很難成功。

雨傘運動時，我就直接跟女友說，我打算勇武，而且一定會有生命危險，當時她接受。但或許她把未來想得太美好了，後來她到外國念書，有段時間我們無法聯繫……有天突然收到她來信，說她父母知道了我參與社運的事，很替她難過，得承受這種痛苦，最後她用這理由，直接跟我斷絕聯繫。我有嘗試在社交媒體找她，但她把我全封鎖了，就連我們共同擁有的雲端相片也全刪乾淨了。這些東西是我們的共同記憶，合照我也在裡面啊，你怎麼可以全刪掉？她不喜歡這些過去的話，就把自己裁走好了。這事讓我明白到一個道理，許多事情『針不扎到肉不知痛』，說起來道理是通的。大家口說不分化、不篤灰[28]、不割蓆，但做下去又是另一回事，因為面對實際狀況時，大家都會先想自己。

有時候，我們這些老人也會感到唏噓。像來到台後認識的一些流亡手足，他們都是因為參與一九年抗爭而流亡的，他們知道誰是梁天琦，但竟然有些人，是不知道他現正因何事而坐牢。你不關心社運，我還比較好懂，但原來關心社運、會上前線的人，也有不了解我們從過去走過來的經歷。不是在說幾十年前，那只是幾年前的事啊。這實在讓人感到唏噓，好像我們這些年做的一切，都只是場夢。

有些人過去選擇不逃，直接去坐牢。出來時，以前的戰友都有了新朋友、新工作，感覺就像『新人事，新作風』。你失去的那幾年，其他人好像不大關心，你就像個坐時光機來到現代社會的原始人一樣。新加入運動的，也是用這樣的眼光看待你。

28／篤灰：正寫為 魁，現多寫成篤灰或篤魁，原為本地黑社會術語，後來成為一般俚諺語。意指告密、背叛、出賣。

當然，我有幸經歷過佔中和魚蛋，所以到了二〇一九，我知道還是要跟下去。只是過去和現在的唯一分別，是二〇一四年抗爭時，你被拘捕坐監，是一件大事；但今天，哪個抗爭者沒有一兩個被捕坐牢的朋友？」

〈參〉薪火傳承於街頭

摩西在二〇一九年三月，開始參與和理非的遊行，進入前線則是六月十二日。

「其實六月九日我也有遊行，當晚遊行完結時，有幾個青年衝出去佔馬路，很快就被警察按下，旁邊的一堆和理非遊行人，也沒想過要起哄或過去幫手。所以我想應該沒甚麼搞頭。我有點傷心，心想算了吧還是回家。誰知道回去看直播，才知道現場另一邊，有群年青人很勇武，跟警方開始衝突。所以我想，我們這老輩應該再重新出來，於是十二日中午，就去幫忙包圍政總。

當時算是帶著有種老手心態去，本身不想衝太前，因為覺得好像局勢還未成氣候，要是自己太衝動，會很快被捕就沒意思了。但又怕新手們衝突時，欠缺臨場經驗，所以又想去幫忙一下，提供點經驗與意見。

那時候前線還有很多人，都沒眼罩和頭盔，於是我趕緊提議他們戴上，並告訴他們催淚彈來時應該怎樣面對，也叫他們盡快從後面傳眼罩上來。要是沒有，就用保鮮紙包眼。

我覺得自己是來陪著年青人去衝的。可是當我在前線，帶著新人擋了一輪催淚彈後回頭一看，後面群眾竟然全都散了，我也只得勸大家撤退。」

摩西為傳播更多信息給新秀，開始在社交媒體上設立 Channel；也在現場拿擴音喇叭指揮群眾，只是這讓他的身分曝了光。他從某些途徑知道，自己被警方盯上，七一抗爭者進入立法會沒多久後，摩西就被捕，幸運是能成功踢保。

「其實當時被告煽惑他人非法集結，身邊已有許多人被捕。我們這些早年抗爭的，不少已經有案底。直覺告訴我，要是再不走，只會更危險，加上當時家人很擔心我，又要再經歷過去被捕的日子，所以一直勸我走。

現在回看，當時決定離開是正確的，唯一錯誤，是走得太早。你問我，我還是覺得應該再打一會才跑。當然，即使要打，在國安法之前，還是一定要離開的。有些在二〇一九不是站在很前的朋友，只有細案在身，但國安法實施後，還是被以國安法罪名去控告。我那時已覺得他們都應該走，但畢竟，每個人也有自己的想法。」

〈肆〉也無風雨也無晴

來台灣不經不覺已兩年，摩西發現校園裡有些手足，從不諱言告訴教授或同學自己的流亡身分，相對地摩西則比較低調。不是認識很久的人，他從不會提起。

因為他總想搞清楚，對方是真關心抗爭運動，還是只出於好奇想八卦。若是後者，他一般都會把自己裝成個普通留學生。和手足圍在一起聊天時，許多人都在想著甚麼時候可以返香港，但這方面，摩西是比較悲觀。

「我們在台灣，連從香港來的支援都越來越少了，這也不怪大家，因為在國安法下，資助海外流亡手足都是罪，大家都希望先保護好自己。我也越來越少談論抗爭的往事，免得大家傷感。直到二〇二一年七月一日，傳來梁健輝刺警時，大家又激動起來，許多在這邊的朋友，都好像從生活惆悵中，突然醒來，把淡忘了的抗爭重新激活，醒覺生活除了交學費、交房租和吃飯外，還有我們來這裡的原因。

電視見到有些香港人，在忙著為某個明星慶祝生日。我明白大家很痛苦，想找些娛樂，但要是能夠拿這些時間來，寫個信給服刑的手足，我想他們比那個明星，更需要和更值得一點鼓勵。

身邊手足都很激動，每次看到這類新聞都在罵，但我沒搭話。因為我說服不了自己，香港人現在即使拿出兩年前的激情，把所有資源和時間，都去做兩年前的抗爭，我也沒把握告訴他們，這事最後可成功。雖然不是說，一定要保證成功才去做，但我還是不會開口。雖然我不想別人忘了過去向前走，但也不能阻止他們要往前走的心。

我有時候也會想吃好一點，或去拍拍拖，這是人之常情。我在台灣尚且如此，更何況現在水心火熱的香港人？我在這邊上課，讀到一個情況，要是一個地方的市民不再熱衷於投票，就意味著他們不再相信這個政府。他們的無力感，會讓他們想娛樂至死，這也是無奈，卻又正路的事。」

我問摩西，覺得自己有否機會回香港。

「我覺得二十年內都不能，除非支爆[29]。但支爆這個事情也聽了多年，一直沒發生，所以我不會覺得短期有機會。當初來到時，還會有點幻想，覺得很快會回去，大家要時刻準備好，等到有機會，就一起回去再打。但有了國安法後，只會越來越遙遠，你看現在選舉初選要拉，畫繪本圖書要拉，大學學生會也拉，連討論空間都沒有，如何能夠培育下一代一批人出來打？對我來說，好多事情都不再留戀，反正香港的許多回憶，都像我雲端那些照片，全被刪掉了，好像不曾存在過一樣。」

29／支爆：網路用語，為「支那經濟泡沫爆破」的縮寫，意指中國經濟崩潰論。支那（Cina）一詞，為中國史上第一個統一帝國「秦」（Ch' in）的發音，經印度變成梵語對中國之音譯，過去一直為歐洲對中國的古稱。甲午戰爭中清政府戰敗後，支那一詞在日本開始帶上對於戰敗國的輕蔑色彩，引起中國民眾憤怒。日本二戰戰敗後，應中國代表團要求，盟國最高司令部經過調查，確認支那稱謂含有蔑意，故於一九四六年責令日本官方，不得再使用支那稱呼中國。

下次我們將不再遵守他們的規則。
我們發明自己的。

—— 電影《傲氣蓋天》（Michael Collins）台詞

男　十九歲

訪談於二〇二一年一月至五月

第六回

爲民族覺醒而出的軌

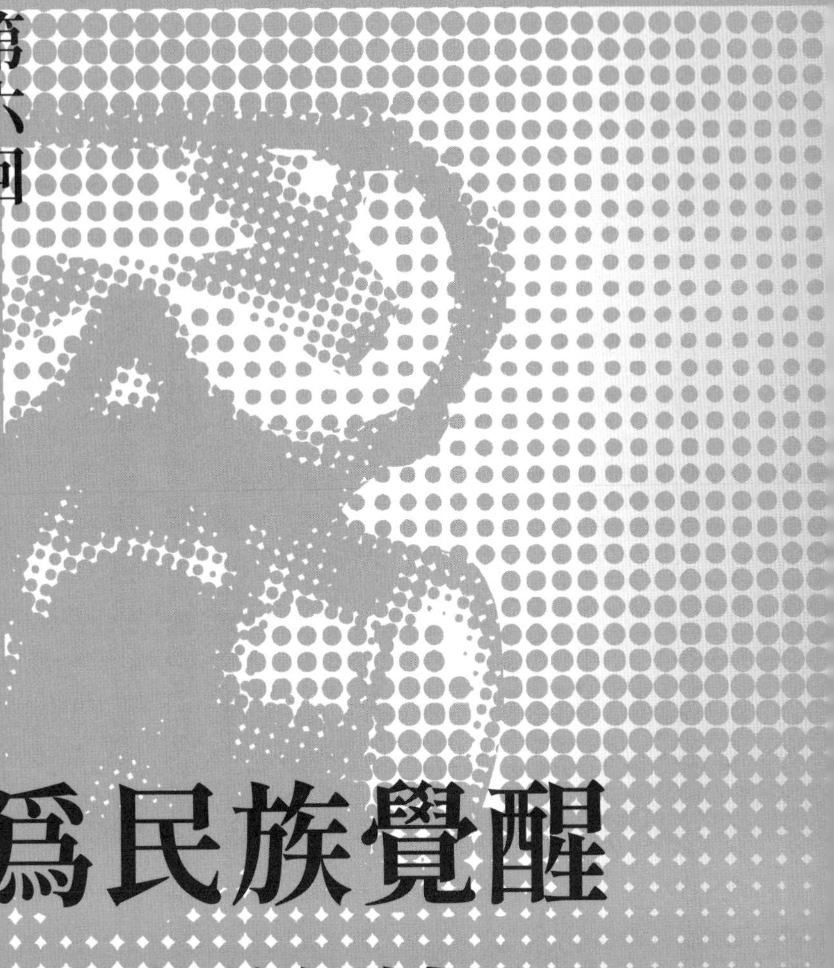

〈壹〉揮刀劍斷盟約

阿威（化名）比不少抗爭者幸運，他家人均是堅實黃絲。二〇一九年父母參與了罷工與遊行；哥哥從二〇一四年雨傘運動就到夏慤道佔領區，那時阿威才十四歲，父母不讓同行，他只能與同學參與罷課。到反送中時，十九歲的他堅持不能再錯過。

「六月九日我跟五、六個同學去遊行。七月一當晚，我九點多才到政總，煲底示威者說立法局裡面已封了，叫大家不要再進去，於是我守在外面。有手足在龍和道跟警察對峙，前線傳來說要雨傘，我馬上抱了堆雨傘就跑上前，當時只戴著醫療口罩和黃色安全帽，連眼罩都沒有。那是第一次上前線，我覺得自己裝備不足，只會成負累，於是送完物資就撤了。

本來不覺得要太激進，可是政府又不理五大訴求，身邊朋友認為要做更多，更激烈的行動。我怕大家出事，於是告訴大家：『你們都別去！該付出的，我代你們做好了。』

七一不久，我升級做勇武。一開始用3M的60926的雙濾嘴口罩，就是兩邊有粉紅色濾罐那款，包面巾，但還是戴著工地那種黃色安全帽。直至九月初遇上做批發裝備的朋友，才開始轉用戰術頭盔和6900的全面罩，跟著與幾個朋友組了個小隊，人數不多。每次遊行後，有示威者決定要留下來繼續打時，我們小隊就幫忙設路障，滅催淚煙，甚麼也做一下。」

阿威不想連累拍拖兩年的女友，於是八月提出分手。女友不肯，一直哀求挽留。

「我試過跟她一起遊行，但當我升級時她就擔心，總勸我別去前線，但我算是覺醒了，不能不做。她說如果我堅持要衝，她就要跟我一起衝。

回想起來是有點柒，那時為跟她徹底分割，於是有晚約她朋友和另一女生出去喝酒，然後故意當著她朋友面前，帶那女生回家，她朋友自然馬上告密……甚麼？哈哈，當然沒有啦，怎可能會假戲真做？演這些，只為讓她死心啦。最後，成功跟她分了手，可以專心上前線。」

〈貳〉給你一把槍，夠膽開嗎？

阿威是十月一日，於黃大仙廣場附近開始掟汽油彈。他之前就已隨身帶備伸縮警棍，遇到落單的警員，就以木棍或警棍招呼。遇到巡邏車時則掟石。

「那天跟警員對峙，我問其他勇武，誰有準備火魔的原料，剛好有人帶來，於是我們就趕緊即場製作。那時候掟，是為阻止那些狗向前衝或射TG，火魔能阻慢他們速度，好為其他的抗爭者爭取時間往後撤。

為甚麼會升級？主要因為先前朋友被捕，還被控暴動，因此就想為他報仇，打上他的份。

當時心態就是有點害怕，萬一真的掟中警員，就會被說成運動變了質。所以心裡一直有這恐懼，到後來，大家才逐漸放下了這心態障礙。

有次在前線打著，我見到一個同樣全副裝備的蒙面女生，感覺有點像我女友，再仔細看，真的是她！回去後發訊息問她，幹嘛要這樣冒險？她竟反罵：『既然分了手，這跟你他媽的有甚麼關係？』」

十月初是分水嶺，看到警暴越來越瘋狂，阿威和隊員都覺得需要有比擲汽油彈更有力的還擊。阿威小隊已有製造土製炸彈的計劃，他們懂得製作方法，但就一直卡在如何取得化學材料上。在香港購買任何能製作炸藥的原材料，都須登記身分證，他們一直為此苦惱，甚至想過冒險從內地購物網站淘寶上採購。

直至發生理工大學攻防戰時，阿威和熟悉化學的隊員，終於想出以「自己的方式」，成功拿到所需的化學原材料。

「製作過程不容易，部分過程需要連續四十八小時、不眠不休地監視著材料的變化，我本身不熟化學，而熟悉化學的隊友，不可能連續兩天不睡，因此手足說明了要注意的基本要點後，大家就輪班去監控過程。」

對於不時被警察搜出槍械或炸藥原材料，有些運動支持者會以「如果有槍有炸彈早就用了，怎會每次都被及時發現？」來引證，說這些根本就是警方自編自導或栽贓嫁禍。

「不如換個角度說啦，如果現在給你一把槍，你夠膽開嗎？我給你化學材料，你夠膽做我們相同做的事嗎？從原材料到製作，到真的要拿出去，投放的心力時間都很多，對不起我不似大家期待，沒一開始就精通化學。我們要準備很多，籌劃很多，提防更多，尤其香港這麼細。之前就有手足，在萬宜水庫那偏遠地區做實驗試爆，結果還是被警方抓到。」

〈參〉你都玩到這麼激啦？

阿威決定流亡，是因為小隊的一個爆炸品倉庫被警方破獲，部分成員被捕。那天因為他有事沒參與，結果僥倖逃脫。他提到某些細節，但因為他們部分成員沒有選擇逃亡，繼續潛伏香港，而被搜出的爆炸品，亦只是他們的其中一部分，跟阿威溝通後，彼此同意別透露太多。

「之前也和其他小隊有過合作，回想起來是有點心灰，前線已經升級到炸彈，可是每次這些事出來，總是被網民和其他抗爭者指控，那是警方栽贓嫁禍或刻意安排。其實旺角彌敦道那次，我們用雜物引狗過去清理……那是跟花園街那個祭壇的做法是同一思路。證明除了我們以外，還有其他人手足也在做類似事情。我們那次算是試水溫，看看引狗上釣這招能不能做到……旺角那裡途人太多，所以沒有一開始就做大殺傷力的炸彈。」

流亡前，阿威跟父母坦白自己製造炸彈之事。身為抗爭支持者的父母，此時才驚覺事態嚴重，他們第一個反應是「怎麼你都玩到這麼激進啦？」，第二個反應就是擁著他們一直哭，深怕下次再見不知是何時。

除了擲汽油彈和跟警方打鬥外，阿威還有和理非一面，沒衝突時，他會到行人隧道或天橋連儂牆貼文宣。

「大概我是光譜比較闊吧，有些勇武很蔑視貼連儂牆文宣，而貼文宣的人，通常又不會去前線，但我覺得兩者並沒衝突呀，要是真心為運動，就不該只著重一邊，有武，同時也可以有文。我貼連儂牆時遇上一個女生，發展了些……比較曖昧的關係，但最後因為逃亡，就只能無疾而終。」

到台灣後，阿威連繫前度，向她坦白了當日那場「出軌」演出。

「她很愕然，還罵我這樣做很戇閉。但因為我是見了太多，情侶一起出去勇武，最後跟警察打時，總是有一個為了救另一個而一起被捕，我是不想她遇到這情況。

但一切都已經無法挽回，現在她有了新男友。反而逃亡台灣後，我有了勇氣去跟連儂牆那曖昧女生表白……嗯？對，這個比造炸彈要難。但她說她還沒準備好，而且我現在這身分，意味可能永遠回不了香港，因此我們無法發展成正式情侶，只好維持朋友關係。但她也說了，等台灣開關後，會過來探我。」

〈肆〉一場因浪漫主義惹上的感冒

阿威說仍潛伏在香港的隊友，對前事已不堪回首，覺得過去的都成過去了，因此回去上班吃喝；至於那個還沒被警方搗破的倉庫，就繼續默默付租金，讓它成為石屎森林中，隱藏同伙秘密的樹洞。

阿威找到了兼職，生活就忙於上班和上學之間。他在校內認識了一位女同學，彼此親密得其他同學都以為他倆在拍拖，可是農曆新年假完了後，又變得疏遠。

「工作上也有一兩個具好感的，可是還沒機會展開，生活變得很寡、很無聊，除了看看香港新聞，就不知道可幹甚麼了，這也是其他流亡手足的普遍處境，雖然經濟上可靠朋友和家長接濟，但寂寞卻不是捐助能夠排解的。

許多人覺得國安法之後，甚麼事都不能做，只可吃吃黃店[30]當繼續參與了抗爭。這樣不能說不對，但肯定可以做更多，別忘了荔枝角（收押所）壁屋（監獄）還有很多前線犧牲了的手足在囚。你吃黃店他們是感覺不到的，你們最起碼可以做一件事，就是拿張紙，拿枝筆寫封信給他們，幾個字就能讓他們知道，外面的人沒有忘記他。我知道大家很艱難，也很累，但這是目前香港手足最能夠做到的。當時我們打生打死都不求你們甚麼，也不期望大家跟我們一起出來搏殺，現在只希望那些被捕人能收到信件，讓他們知道自己並不孤單就好。

跟台灣手足聊天時，有些手足覺得：『香港人就只不過是如此，值得我們付出嗎？他們是他媽的不值得我們去幫！』這種負面情緒，有時候讓我們在台灣圍爐時，大家就開罵：『對！香港人就是垃圾！香港人就是唔鬮值得！』，可能你會覺得這樣很偏激很負面，但一定程度上確實如此。

大概反送中時的氛圍，像連登、Telegram那些討論區的同溫層太嚴重，大家都覺得是Endgame了，怎也得爭取到一些東西。這種浪漫主義讓我們誤判，我們沒看清楚，是不是我們肯一直衝，其他人就會跟上來。烏克蘭能夠做到《Winter on Fire》，是因為他們夠闊窮，沒甚麼可以輸。但香港人不一樣。重新回看，當時確實是被浪漫主義薰陶了，也可以說是催眠了。很多事情想得不夠仔細，也沒有為整場運動去思考透徹，只是一心想著，這些事如果我不去做，又有誰做呢？結果像得了一場大感冒。」

30／黃店：二〇一九年抗爭期間，黃絲支持者提倡構建黃色經濟圈，呼籲優先光顧政見及理念相近的食肆或商家，並稱其為黃店。

〈伍〉一念天堂　一念番梘[31]

因為寂寞，因為失落。阿威開始思考日後的身分問題。如要入籍台灣，得念完四年大學，再工作五年，這差不多十年時間，就讓他覺得像在虛度，甚至衍生了一個偏執念頭——漂流不如自首。

他自己估計，要是得到六一二或星火基金的幫忙打官司，理論上他的罪是判刑八至十年。認罪扣減三分一，再扣假期，五、六年後便能出來。之後他就可以在香港自由活動，這比在台灣失去十年青春來得划算。

「我護照過期了，雖然有學生簽證，但台灣不管是考牌照或申請甚麼，都需要有效護照。要是我一直不辦回護照，未來這十年，生活上會有諸多的不方便。」阿威說著嘆了口氣。

「這些不方便，有包括洗澡拾滑石時被人從後雞姦？」我忍不住問。

「甚麼滑石？」

「那是獄中對番梘的稱呼。他們不會叫番梘，那是因為……這個很復雜，有機會再解釋。但總言之，我就是覺得在台灣有再多的不方便，相信也不會比坐進監獄要多。」

「我覺得，又不一定會坐啦。我有關的那案件都已經判決結案了，其他人沒把我供出來，所以他們即使有我部分資料，也不一定會因此而另開一個庭來審我。」

「我實在要說，這想法很天真很傻。」

「即使真的要告……應該不會用國安法吧？」阿威說。

「為甚麼你會這麼想？」

31／番梘：肥皂之粵語稱呼。

「因為我參與那個案，即使證據再確鑿，也只是造炸彈（對，他確實用上**只是**），造炸彈的動機就是想炸狗，這跟顛覆國家政權沒太大關係吧？何況又沒追溯期。炸狗都不算是顛覆國家政權嘛，又不是炸解放軍，不是直接跟國家有關，我去炸石崗軍營就話啫。」

「所以香港警察不是政權的一部分？」我嘗試控制著罵髒話的衝動，平和地向他解釋。撰寫這些訪問過程中，我常感動於流亡者為香港自由而作出的犧牲。可是同一時間，又常會震驚於他們的無知。對其譴責未免太過苛刻，但無視又讓人難忍。

「你這樣說，也得看政府怎麼想。」他再反駁。

「你覺得政府還能有甚麼想法呢？」我再反問。

阿威解釋，他想回港的最大原因，是因為有親人辦喜事，他想出席，即使事後被捕也無所謂。

不知道阿威是否小時候看得太多武俠片？我問他，是幻想從飛機走下登機橋時，警方不會在橋口等著他？還是相信即使警方在等，你可以跟他們許下承諾：我回來，只為去喝一杯，敬個酒，完了自會跟展昭大人回衙門交代，不會讓大人為難……這般武俠小說橋段是不會發生的。即使就算你真的活在武俠小說裡，也得認清情節的人物設定，識英雄重英雄之前題，是對家也必須是個名門正派，而不是東廠之流。

這不能只怪阿威，即使香港一眾政治明星，也常以高舉甘地、曼德拉式非暴力鬥爭旗幟作護身符。卻從無人深究，甘地和曼德拉所面對打壓他的政權，是相對比較文明的英國政府。現實從來沒有必殺招數，前提還得看對手。同一招式用於名門正派，可能還行得通；但在邪派眼裡，則幼稚得可笑。

「即使開審，也不一定能定罪，起碼我還有個機會。」

「有甚麼機會？」

「有機會脫罪呀，或者……可以直接換個護照再離開，回來台灣生活。」阿威說。

「當初你就是因為不相信政府的逃犯修訂條例，只是單純為了送陳同佳往台北受審，才參與抗爭，走上前線，甚至造炸彈；現在因為人在異鄉，寂寞了，突然又改口，相信政府仍有獨立之法治制度，相信自己會得到公平審訊？相信自己可以因為表現良好而提早出獄？甚至相信有一定程度的機會不被定罪？這條線怎麼又突然挪動啦？你會不會想得太美好？為了生活，許多人會微調自己對事物的看法，來適應世事劇變。你如是，那些開始淡忘獄中手足的抗爭支持者也如是。」

說畢，我倆沉默了許久。

〈陸〉未死，還在

有些勇武即使有案在身被通緝，仍選擇繼續潛伏香港。阿威和他們聯絡，都會自覺避談這些話題，因為阿威也不希望每次都是討論誰判了刑，誰被上門拘捕。大家盡可能不碰這些，抗爭歲月彷彿成了佛地魔，不能提起。

「即使要提，都只是隨便閒兩句政府當發洩就算，因為明知不能做到甚麼，於是就像香港其他的港豬一樣，上班的上班，上學的上學，喜歡玩的去玩，吃東西的吃東西，重新回到香港人的日常生活。

像我哥也是運動支持者，但現在都回去繼續上班。以前的和理非現在甚麼都不能做了，頂多也只是在ＩＧ上開個Post，閑下港共有幾仆街這種邊皮嘢，然後就是報下數，最近拉了幾多人。大家都只能做這些。

當然，現在台灣有些手足仍會想很多東西，像過去有些我在香港認識的，他們在香港時會研發汽油彈。現在來到這邊，就研究如何由頭開始製造一把槍，然後嘗試教其他流亡手足製造，他希望有日回到香港時，能夠升級用得著。

我有和這手足談，他希望將來回到香港，讓人人手中有槍，不用在買槍期間被警察發現拘捕。但我覺得這想法有點不切實際。當然，我沒潑他冷水，仍是支持他，因為起碼還有少數人像他一樣，會繼續為這場運動想方法延續和做準備。

但我想法比較灰，就像一九年那樣，即使讓你自製了一把槍，也是把關的，因為都沒有幾個人敢用。香港缺乏的，從來都不是槍，而是用槍的勇氣和決心。畢竟我們不像烏克蘭或緬甸，去到吃飯都有問題，才會拿命出去搏。香港生活水平始終比較高，也有份工作去養妻活兒，當有穩定生活時，就不會冒險去追求自由。

在我角度來說，我們也像大陸，所以決心沒有烏克蘭和緬甸那麼大，因此我覺得沒有用。但我也貫徹宗旨，兄弟爬山，不會阻止他，雖然我覺得有點嗺鳩氣，但也盡力幫忙。以前出去打，我就幫你上前線。現在可得要靠你了，請你把這些故事說出去。」

在整理訪問內容的那天，二〇二一年七月一日，網上傳來新聞，繼早上有抗爭者向禮賓府外山坡投擲燃燒彈施襲後；晚上再有梁健輝以利刀刺向一機動部隊男警肩背，男警重傷送院，梁則在圍捕警察前揮刀自戕身亡。

「還有和因『出軌』而分手的前女友聯絡嗎？」為了打破沉默，我只好找個話題。

「有，偶爾通一下電話，很短。知道她還未死，那就可以了，沒甚麼講，大家還在就好。」阿威淡淡地說。

他說著的語氣，讓我想起以往讀《幹校六記》書中一幕。作者楊絳與丈夫錢鍾書，文革時被下放到幹校勞改。有天下大雨，楊絳冒雨偷偷去看望在附近另一營區的丈夫，她渡過發洪水的大河，只是為奔見丈夫，她遠遠偷望了一眼，大家眼神一對上，知道彼此未死，楊馬上潛回幹校。本想跟阿威提起這故事，但好像扯得有點遠，還是算了。

雖然老掉大牙，但時代確在重複。錢於楊，前度於阿威，勇武於香港人亦然。知道你還未死，大家還在，就好。

生於如斯世代，作為一個充滿天真「傻勁」的人，這是我當守的道，必修的行。故此，我會毫無怨恨地接受。

——被控管有一百三十八支懷疑汽油彈的廿三歲理大女生楊泳茹，寫給法庭的陳情信

女　二十歲

訪談於二〇二一年八月

第七回

係咪想畀坦克車轆死吖？

〈壹〉阻人上班就是暴動

「我真有試過呀！晚上在家附近的公園，我拾了些石頭，試著掟向遠處目標，但每次總是掟不中。朋友說，我天生不是掟汽油彈的料。勉強搞，只會傷到自己人。」於是J小姐（化名）聽從朋友勸告，專注於管理抗爭物資。

父母從小就教育她，社會上發生的任何示威，全都跟她的生活無關。二〇一四年雨傘運動時，還是十三歲、念中二的她，曾經跟父母討論，甚至想去參與。因為她認識的一些哥哥姐姐，都去了示威現場。父親直接了當問她：「係咪想畀坦克車轆死吖？（是否想被坦克車輾斃？）」

J小姐了解，父親並非親政府，只是他清楚，政權仍像當年天安門事件那樣，當有需要，會毫不猶豫再出動坦克去鎮壓市民。「我爸好搞笑，他不是支持警察和政府，只覺得反抗沒用，政治這些，市民管不到。但要是抗爭阻到他上班，那就叫暴動。」

母親來自內地，完全傾向認為港人不應與中央政府對抗。在雙親的感染下，J小姐從小就在政治冷感中成長。

直至二〇一九年初，逃犯條例爭議開始，十八歲的她所讀之學校，從老師到學生，幾乎清一色是支持抗爭，校內所謂的親建制藍絲同學沒幾個，因此大家在校內都放膽討論。J小姐的一個女同學，從小就住銅鑼灣，因此她家中窗口，能看到每年各個示威人潮。對她來說，窗戶比電視得到更多真實資訊，她解釋給J小姐，有關逃犯條例修訂的前因後果。

「我第一次遊行是六月九號，第二次是六月十一晚上，一直到十二號凌晨。以前在新聞看到政府不聽民意，強行通過某些法例，我都只覺得好遙遠，好多政府都是這樣嘛。可是當我真的在現場，有參與發出聲音，然後突然被告知，它不理會你反對，堅持通過時，我會很震撼。從沒想過原來這麼多人發聲，政權也可以置之不理。」

因為覺得政府霸道，她出席了其後每一次遊行，但仍只限和平示威。當年長幾年的同學和朋友越走越前，為免拖別人後腿，J小姐選擇籌組物資組。當時由於海關阻撓，前線用的 3M 60926 防毒面罩，已經難在市面買到，因此她需要於海外網購商，像 eBay 和 Amazon 等去搜尋。

「一開始還好找，後來就沒了。而且大家都想升級，轉用全面罩那款 6800，這更難找，我都是一個一個，從網上找回來。運動初期，就花光全部積蓄三萬多元，但沒所謂啦。能幫到，就盡量幫吧。後來在現場，認識到些年紀大，無法上前線，但有經濟能力的大人。就是大家說的『家長』、『金主』。他們問有甚麼可以幫助。我組織了他們，例如團隊需要甚麼，我給他們一張表，叫他們分頭去買。但有些又不敢用自己戶口下單，結果還是得由我去訂，他們付錢。」

〈貳〉捉到認衰女

「其他手足知我起了個物資組，就希望我可提供裝備，有人要戰術頭盔、能裝對講機的背心，更有人想要防彈衣，於是我都去張羅。同時我也入手大量濾罐，留些給自己組員，在現場認識其他物資組的 Admin 時，也會分一些給各人，跟不同組做物資交換，例如我有濾罐多，就跟他們換些我缺乏的物資，像細碼的防毒面罩，我們女生人多，一直不夠貨。

那時跟葵青和青衣那邊的物資組交流得比較多。可是沒多久，青衣那邊就解散了，聽說是因為有 Admin 利用物資組這身分，侵吞了家長的資助。

坦白說，我知道這事後有點失望，原來大家一起幫忙前線手足的人，竟然會這樣。這事不單讓我會對身邊人感到失望，也讓我再不敢太相信現場認識的人，即使大家一起共過患難也很難免，畢竟牽涉太多人和現金。

所以這方面，我比較認真。不管買甚麼東西，我都截圖留單據。貨到了，也拍照片，用另一部電話開個全新的Apple ID，把這些資料都存在那裡，然後每次都會把付款證明和收貨照片，發給資助我的家長金主，雖然通常大家都沒問我要單據看，但我還是會做，因為不想被人誤會。

當然，我也試過被人懷疑啦，其實我不會怪那些家長，對陌生人抱有懷疑，也很正常，我不會特別覺得不開心。也慶幸我認識的家長，許多都很好，看了收據照片後，都不會不相信。當然你也可以說，這些單據也能做假呀！要是你連這些證明都要懷疑，那我就沒辦法了。

經我處理過的家長資助，加起來應該有廿多萬。最大筆的，記得是在黎明行動時，有個家長知道我團隊有十一個人，於是就直接給了我三萬三千元，說你們同學辛苦了，請替我分發給大家，每人三千元。家長說不管大家怎麼用，拿來吃飯娛樂也好，拿來買裝備也成，就純粹補助大家。

雖然那時候只是買物資，但我知道，政府要告的話，一定可入我偷錢、商業詐騙或洗黑錢。他要屈你，一定能鋤得入。本來那時我已經想好，如果你真捉到我，那我只好認命，認衰女囉。但後來我見過，我認識其他物資組 Admin，被告得入的案件，後來都要坐牢。終於想來想去，還是覺得應該走。」

〈參〉決戰後樓梯

「運動一開始，我爸就常勸我，說街頭危險，不應該出去。我有給他看些照片，那是現場的警察，擺出一副功夫招式的架勢，他們明顯是受過中國武術訓練的內地公安，穿著制服扮香港警察。我爸在香港生活多年，也有朋友做警察，肯定知道警方是如何接受英式訓練，這些姿勢明顯就很怪。當然，我給他看時，他會堅持說，這也不能證明甚麼呀，香港人就不能學過功夫嗎？後來十月，我在旺角彌敦道示威現場，拍到段幾個『香港警察』用北方腔普通話交談的影片。我用手機傳影片給我爸，問他這是香港人嗎？他看了，不再反駁我，只是短訊上回句：『早點回家，你媽擔心。』」

順豐快遞不用登記真實姓名，因此J小姐可用假名和預付電話卡登記，收到包裹送抵短訊後，去住所附近的自取點，說出手機號碼和名字就能取件。東西通常先存放在家一兩天，再拿回學校分發。

「我媽發現，為甚麼每次我出去做功課或玩完回來，總是拿著一箱箱包裹。我騙她說，近來替朋友做代購，賺點零用錢。只要說能賺錢，母親就不會有意見。紙箱封著，她都不知道是甚麼，有時拆散了她看到，也不清楚那些面罩濾罐的用途。其實也不肯定她相不相信，反正就盡可能不跟她討論爭拗就算啦。

有些速遞公司是必須派送上門，我會用假名和假電話。其實沒有快遞員會真的關心，你名字是否真啦。只要電話號碼對，地址也對，有人簽收，他們就會交貨。

八月時，群組內許多隊友，都已被警方捉過一次，你知道保釋出來後，如果再在現場被捕，就不能保釋。因此許多人擔心自己，開始對前線卻步。那時我想，總得有人在前線打拚呀！雖然我掟不了汽油彈，但還是可以上前線，和手足們一起組隊，起碼有個照應。我還是主要負責背著物資，在前線分發補給。也去做哨兵視察環境、幫忙做消防隊滅催淚煙。但最重要的，是給隊友當拍檔，要是隊友被捕了，也可盡快通知群組，找人趕去手足家中執屋[32]，清理裝備和電腦。」

J小姐參與頻率越來越密，但仍堅持灰姑娘守則，午夜前回家，免得被母親發現。

「每次都得找各種藉口出門，說去上課或做 Project 之類。後來黎明行動在大清早，就比較方便，反正以往上課，都常穿全身黑衣。回家前，我會在附近公園公廁洗乾淨，然後把面罩頭盔藏在大廈天台暗角後才回家。」

32／執屋：粵語原意指執拾及打掃房間。二〇一九年成為抗爭用語，指一旦有抗爭者被捕後，其同伴趕在警方前往當事人住所搜證前，先盡快到其家清走抗爭物品，及銷毀一切可能讓當事人入罪的紀錄與證據。

對於逃課參與抗爭，J小姐的學校老師不但沒責怪，還盡力幫忙隱瞞。母親試過致電給班主任找她，班主任會託辭說J小姐在補課。有些沒出去抗爭的同學，就留在課室中監控手機群組。每個人都會每半小時報一次平安，要是有人到時間沒回覆，就會在群組中問大家，有誰知道當事人最後出現在哪裡。一旦證實被捕，J小姐就趕緊找律師去警署保釋。

「家人認識一個很好的律師，他幫過不少手足脫罪，可是收費很貴，得看當事人的經濟狀況，要是環境不好，或沒家長資助，就只好找義務律師。可是大家都年輕，不管說了多少次，進去後不要亂說話，直接答『我沒話要說』就可以，但許多人因為初次被捕，還是會害怕，結果被警察一嚇，就甚麼東西都吐出來，這樣律師之後都很難幫你呀。

有次跟隊友出去，我全身黑衣蒙著臉，竟然發現我媽和幾個藍絲街坊，在我家附近那地鐵站口，拿手機在拍攝示威者的臉。有手足指著我媽罵粗口，要她刪照片，她不肯，一直跟手足對罵。我本來想走，但這時她竟在一群黑衣人中，把我認了出來，因為我黑衣衣袖上，有個我自己刺繡的圖案。所以雖然我全身都包著，她還是認出了那小刺繡。她想要拉著我，我趕緊跑了。

結果回到家，我媽跟我吵起來。我家不大，小時候都是聽著爸媽吵架長大，我覺得對自己成長很有影響。我媽為了抗爭，常常罵我，我妹十歲，每次聽到要不就哭，要不就勸我媽說：『家姐都沒事啦，別罵吧。』

我不想我妹要面對這些，小孩應該在比較平和的環境長大。因此遇到這樣狀況，我只好忍著，或拉我媽出單位，走去同層後樓梯那裡爭拗，別在妹妹前面吵罵。

結果當晚吵大鑊，她說當沒生過我這個女，叫我以後也別問她拿學費，我當時很有骨氣反駁，說不拿就不拿啊，我自己會去做 Part Time。晚上趁我媽睡了，我偷看她手機，她果然拍了不少抗爭者的臉，我把照片全都刪除嘿嘿。」

〈肆〉駐足看暴文

「中大時我沒進去，有個五十多歲的男家長，很擔心裡面的抗爭者，於是載著一車物資，想趕去中大幫忙，但他又害怕，我就陪他一起去，可是那時候吐露港已被堵塞了，我們就堵在那裡。

那家長很緊張，我還要安慰他，他擔心物資送不進去，於是我唯有下車，攔下那些駕電單車的人，請求他們幫忙，把物資分批送進去，結果我陪著那家長在路上等，等到最後他都睡著了，早上公路重新開放時，我還得要搖醒他。」

除上前線，對藝術感興趣的她，亦一直花時間在連儂牆上的創作。

「我本身一直有畫畫，喜歡做些大型的連儂牆創作。第一次弄，是在尖沙咀的行人隧道。那時何君堯的家人山墳被破壞，我用黃色 Memo 紙，在隧道牆壁上砌了一大幅何君堯，再加字句上去。做完偷偷躲在旁邊觀察，我發現有些中年婦女——也不知是黃還是藍——會因為看到大型畫像而停下腳步，繼而讀一下旁邊的文宣。這很有意思，因為許多時候，連儂牆貼滿一堆文宣，誰也懶得停步逐一看。當中有些黃，有些藍；有些內容正確，有些內容全錯。你根本不知道哪一張才是我們真正想表達給市民的。連我自己有時候走近細看才發現，咦？原來這文宣是閉我們手足的！這樣很混亂，也難表達。所以有大型畫作，就能讓大家多停下來，多看幾眼，也容易吸引途人打卡，在社交媒體上轉發，記者也會報道。有時可能對方看完，只會掉下一句：『哦，原來又是那些暴徒的內容』，但最起碼能讓他們停下來看一下，我覺得這樣就已經算成功了。

我在連儂牆被狗咬過，咬我藏有攻擊性武器，因為我有鉸剪！你說多荒謬！我的案件本身並不嚴重，只是身邊所有人都感到很無力，尤其是到了二〇二〇年四、五月，武漢肺炎讓大家無法抗爭。

我有個朋友被控暴動，但那時候還能夠保釋，我勸他走，最後他跑到海外；有朋友因為在中資銀行縱火，要進去坐牢，好幾年的那種；一個朋友是群組的

Admin，他一直幫忙那些年輕和沒錢的抗爭者，因為他們很多是離家出走的，得有人照顧他們，誰知因為錢銀的事情，他被其他人拉進了一宗洗黑錢的案件中，警方在別人的手機中，找到他的身分，他也來不及清理手機，結果被捕，最後也決定逃離香港。

看著一個個朋友被捕和流亡，也覺得心灰意冷，本來去年就已經申請了到台灣念書，一直未走，只是想為抗爭多付出。最後覺得，既然大家都走了，加上那時又不知道我那案件，會不會再被起訴，所以就決定還是去念書吧。我覺得即使走了，也能用另一種形式去支持運動，留在那裡，反而沒甚麼用。說到底，我們在考慮這個社會問題時，也得考慮自己，這樣說好像很自私，但每個人還是要思考自己的打算。」

〈伍〉我老母就鄉愁

來了台灣後，家人有想過要來探你嗎？

「無。」J小姐說得斬釘截鐵。「我媽根本沒打算來台灣看我，還計劃要把我妹帶回大陸生活，因為她覺得香港亂，又沒甚麼親戚，住的地方又細，回鄉下有親戚照顧，又有大屋住。唉喲。家裡都是她說了算，我爸呢，是個無膽匪類。他懦弱，不敢阻止她，或反駁一句。只會跟我說：『哎吔，你別跟你媽吵啦』。」

不希望妹妹搬到內地住？

「就看我妹自己吧！要是她讀完中學，將來想出國念書，我當然希望她能出國嘛。要是她沒興趣讀書，那時在香港或大陸生活，分別已經不大了。」

J小姐小時候，也有跟母親每年農曆新年回內地鄉下，那時她對回鄉是很興奮。

「因為回去玩，不用做功課吖嘛。親戚又多，又有同齡的表弟表妹，一大群小孩玩得很開心，整天就是拉利是[33]和吃玩睡。到上了中學，才開始發現，回大陸原來是上不了 Facebook 和 YouTube 的。而且人大了，跟表姐妹不似小時那麼容易熟絡，開始不知道有甚麼共同話題可說了，自然就會變得生疏。

其實二〇一九過新年，那時候還未開始抗爭，我已經不想回去了。到二〇二〇，因為武漢肺炎，更加不想回去。我媽就是不信，說根本是謠言呀，結果回到鄉下，年三十晚好驚青（害怕）地打長途電話回來，說甚麼哎吔好像武漢真的發生疫情呀！我罵她，兩個月前已經跟你說啦，你偏死不信。結果她怕死，馬上要買機票回來。」

〈陸〉戀戀風塵

J小姐男朋友也支持抗爭，但只限於和平示威和簽國際聯署。示威期間，二人經常爭拗，他不希望她走得太前。九月時男友就到海外留學，之後她才能放心出動。

「他到了海外後，也會打電話回來，著我示威別走得太前，我每次都敷衍他說，知道了知道了，不會太前。結果是越走越前。」

來到台灣的J小姐，仍繼續維繫著這段長距離戀愛。

「對我來說還好啦，反正這裡生活也充實，上課和跟香港群組聯絡，已沒多少時間剩下去拍拖，他在那邊也忙著念書和工作，所以彼此都不覺得很難受。」

33／揾利是：粵語，指農曆新年時向長輩、已婚者或老闆討紅封包。

來到台灣，還有和他再聊起運動的事嗎？

「沒有了，他應該算是那種，慢慢已經淡忘了運動的人，不是故意不聊，只是開始不太關心這件事。前幾天八三一兩周年，他連IG也沒有Repost。我甚至懷疑，他是否還記得。也許人就是這樣，不在身邊，發生過的事就會慢慢淡忘……我們的感情，應該不會吧？起碼我認為，我這邊不會。」

相對拍拖，J小姐反而花更多時間，去跟香港的朋友傾談。她說朋友中，和理非的有不少已經淡忘了這場抗爭。但有上過前線的，就比較堅持，還會記得兩年前一役。

「不過現在跟在香港的朋友，已經較少聊起這些話題，因為不少隊友都有案在身，等著上庭，護照也被沒收了，不能出境，後面多數是幾年的牢獄。我不想刺激他們，因此都盡量不跟他們聊這些，只談些風花雪月的東西，讓他們坐牢之前，感覺會好過一點。」

#〈柒〉重啓物資組

「我希望念完書之後，有機會回香港。我對藝術有興趣，好的藝術能感動人，所以希望將來能做關於藝術教育的工作。我以往常常做義工，接觸過許多小朋友，我認為小朋友的藝術教育很重要，但不知道將來的香港會變成怎樣，反正現在已經越來越像大陸。

你記得我之前跟你說過，有家長給我們十一個人，每人三千元嗎？那十一個人中，我走了，另外有三個會跟家人移民；一個被拘捕正在等上庭；兩個決定在香港上大學，應該不會走了，所以開始不太敢在群組中說自己立場了；其餘四個，就只能繼續上班。

有不少家長都已經移民，或正在計劃移民。這也沒辦法，有人為生活，有人為世所迫。好像有些家長自己有小朋友，難免要多考慮；有些則連立場都不敢公開表明，因是在中資機構上班。現在有家長也會間中聯絡我，問一下我在台灣的生活，我也會定時問候他們，但也不敢找得他們太頻繁，以免打擾別人生活。」

她說物資組的經驗，讓她最大的領悟，就是決定要開始有儲蓄的習慣。

「那些家長真的影響了我，他們那時候經常跟我說：阿女，不要把自己全部都放進去這場運動，也得為自己打算一下啊。那時候我心裡罵，他們自私又天真，既想改變政局，又老想為自己打算？但現在來到台灣，我明白多了。你問我，對自己未來有甚麼打算，我還未有確實想法，但多為自己打算一下，多儲點錢。

過往在香港做兼職，賺到幾多錢都會花光，是所謂的月光族。但現在到台灣，才發現所有事情都得思考。我現在替小孩補習，也會鼓勵學生畫畫，要是他喜歡畫畫，我便說服家長，也請我教他們小孩畫畫。這樣一個學生，就能收兩份錢，又補習功課又教畫畫，盡量能儲多少就儲多少。因為台灣也不見得很安全，現在是看起來安全，但四年後呢？沒有蔡英文，台灣到底會怎樣？誰也不知道，不好說。所以還是得多留個錢在身邊，萬一有事，又可能需要再走。」

沒被坦克車轆死的J小姐，靠著台灣家長眷顧，重組了她的物資組。這一次，毋須用假名，不拍存收據。物資組的服務對象只有一個，正是她自己。

下手須教一酌先　世情局面苦徒然
積薪厝火非無事　識者能知火未燃

—— 車公靈籤 第四十五籤（中籤）
（二〇二一年新界鄉議局主席於農曆新年為香港求得之籤文）

男　廿幾歲

訪談於二〇二〇年

第八回

未成民族 談何陣線

〈壹〉來生不做中國人

雖然阿安（化名）身邊同學與家人，均是他口中的「典型港豬」，但透過中學通識科，和網路高登討論區的啟蒙，他幸運地於中學時代就已經覺醒。

「小時候看無線亞視新聞，還真以為中國會超英趕美。後來讀鍾祖康的書《來生不做中國人》，才發現新聞說的都不是真。所以我從不支持平反六四，要多可憐才會期望殺人政權自己承認自己做錯事和殺了人？我過去也只是留意新聞，沒怎麼實際參與。後來人民力量和本土派的出現，我才開始明白，泛民路線根本是廢到無倫，於是雨傘時就決定出來。」

二〇一四年九月廿八日，警方向金鐘示威者發射催淚彈的那天，阿安站在示威人潮的第一排。從那刻開始，他不再相信曼德拉式和理非路線，還有甚麼路可走下去。

「雨傘運動後，我不知道該幹甚麼，只等待著下一次雨傘的出現。誰知道二〇一六農曆新年時，我因沒出去玩，很早就睡了，醒來才知道錯過了魚蛋之夜。同年六四晚會，我見到香港民族陣線[34]的人拿著龍獅旗和香港獨立直幡，衝上了支聯會大台，最後被工作人員驅逐。我知道，自己應該加入他們。

加入後第一件事，是鍛鍊體能。這類運動訓練班的反應，通常都很差，幾十人一個班，甚麼都不教，先要大家堅持到五分鐘的平板支撐，還要求腰不墜，臀不抬，這樣五分鐘，已經嚇怕許多人。

34／香港民族陣線（Hong Kong National Front）：二〇一五年成立之本土組織，主張根據聯合國《公民及政治權利國際公約》所賦予權利，提倡民族自決，從而實現香港獨立。二〇一九年七月二十日，組織廿七歲成員盧溢燊與多人被捕，控以管有爆炸品意圖藉以危害生命或財產罪。法官指盧宣揚香港獨立和顛覆國家，判入獄十二年。二〇二〇年六月三十日，中國人大通過《港版國安法》，組織同日宣佈遣散所有香港地區成員，而海外分部繼續運作。

練到這個之後，還得再練到一百下伏地挺身。做到兩樣之後，他們才開始教授成員泰拳。因為要是體能沒操好，連把人制服的力量都沒有，學甚麼攻擊技能也沒用。結果班上人來來去去，從幾十人開始，慢慢減少，到最後恆常出來練的，只有四五個。」

作為獨立派，阿安承認他們和許多本土組織都不和。

「我也不知道，為甚麼其他本土組織這麼討厭我們，大概因為我們太口臭？常罵別人不做運動？我們不跟人在網上辯論，為甚麼要花時間爭拗？有甚麼好爭拗？拗贏了共產黨會倒台？這也沒辦法，我們主張直接講拳頭。最實際的，永遠是做運動訓練。

我一直鍛鍊，由期望下一次雨傘，變成渴望再出現下一次魚蛋。當然，那時我已經肯定，下一次出現時，武力一定會再升級。」

〈貳〉上八樓之傳聞

「六月九到十二日，我在現場觀察到，有不少唱聖詩和小組討論，因此擔心又再重演雨傘時那種左膠式抗爭，所以組織一直保持觀望態度。包括圍警總掟雞蛋，我們都覺得，只是些罰企活動，沒多大意義，成不了氣候。到七月一，包圍立法會那天，我們很早就在立法會外，後來覺得又是一直罰企，不如先撤退吧。說到底，組織人數不多，實力不夠強，不能隨便行動，以免中伏犧牲。誰知回去後，收到消息有人開始撞玻璃，於是又緊急拿東西趕回去。」

民族陣線的組織嚴謹，成員行動聽命於領導層，最高層決定是先觀察，所以第二層負責人，吩咐大家別輕舉妄動。示威群眾攻入立法會，阿安和其他隊員的袋裡，雖然裝滿了汽油彈，但領導層命令，只在警方攻進來時，隊員才可使用。

其實七一當日，阿安就預感到這場運動會輸。我告訴他，當時我亦有此感覺。

畢竟香港人有香港式的靈活，但優勢同時是弱點。正正因太靈活變通，我們抗爭有著隱形的玻璃天花板。雖無奈，卻現實。

「無啦無啦無啦，許多示威者當時仍接受不到放火，到大家後來能升級擲汽油彈時，已經太遲了。你看前線，許多人還只拿傘，去擋橡膠子彈和催淚彈。大部分示威者還是怕警察，見到警察就馬上掉頭走，連木盾鐵盾也沒幾個，這樣的對陣很難打下去。當時我們衝進去立法會，主要就不是為了破壞，而是希望上樓去建制派的寫字樓。」

阿安一說，讓我想起朋友當晚在立法會內，說有夥人要上樓上，找民建聯出賣香港人的罪證。

「對，我們正是那隊人。但你朋友聽到的，也不是全對，我們才不是要找甚麼賣港證據。我們是希望從他們的電郵資料裡，拿到一直跟他們有聯繫人的名單，因為當時《蘋果日報》還在，這些資料仍很有用的，可能有很多人跟建制派有勾結而公眾並不知情，而可能透過這些電郵記錄，對公眾會有很大震撼。我們需要的就是這些。你說得對呀，幹嘛還需要找民建聯的賣港證據？

只是後來發現，原來立法會是無法直接上到他們的辦公室，因為四樓有個平台，然後七至八樓才是民建聯的辦公室，當時關了電沒升降機，我們發現原來樓梯只能到四樓平台，又擔心會有警方在平台埋伏，期間一直在找路，我們中間碰到××議員（民主派議員，名字不表，因當事人後來亦牽涉別的案件），我們問他，如何上去民建聯的辦公室，他竟說不知道！媽的，你自己是議員，竟然說不知道如何上八樓？根本就是不想說嘛！不過也沒辦法，我們亦不想拖太久，於是只好撤出……嗯？對啊，仍是背著那些汽油彈。」

〈參〉舉旗有舉旗激情　後排有後排冷靜

八月二十五日，有示威者在網上呼籲，到荃灣公園集合抗爭，這種網上公開的日程表，對阿安來說，就恍如是跟警方主動提出的預約拘捕通知。但即使如此，阿安還是去觀望一下。

「那時認識了些荃灣和葵涌的手足，所以抱著湊熱鬧的心態過去。到達網上說的集合地點荃灣公園時，示威者還未出發，譚凱邦（泛民主派荃灣區議員，二〇二一年因國安處控告串謀顛覆國家政權而被拘捕）還在那邊派口罩，警車就已經駛到，開始在現場設防線，放催淚彈驅散市民。

當時示威者很斯文，根本不會用汽油彈。那裡有一大堆站著，不知道該如何反應的示威者，我趕緊叫他們把地上的磚掘出來，大家才開始想起要掘磚，可是掘出來了，又無人敢掟。警察一直放催淚彈，這根本就沒得搞了。好不容易等到有一兩個人真的掟了，又驚驚青（害怕）站到後排，結果掟中的，只有前面的勇武，令手足回頭爆粗罵：『掟磚的就走上來！別他媽的在後面掟自己手足！』

我記得那時候，在現場全副裝備的勇武可能有十幾人，後排則是一大群示威者，那次應該是第一次有勇武手足帶了指揮旗來。那旗幟有兩面，一面印著**前進**，一面是**後退**，所以只要舉起來，後面那邊就是向後排示威群眾作的指示，只是每次舉著**前進**時，從沒幾個人跟隨。

有手足以擴音喇叭指揮，但現場兵荒馬亂，一發彈就嘭嘭聲，根本沒人聽到，聽到也不配合。好多站在後排的，其實都在發夢，不過這也很正常。群眾既沒訓練過，也沒組織，根本都不知道要做甚麼。後來警察開始在悅來酒店後面包圍，然後向荃新天地推進，於是示威者被迫散成兩隊，一組向海濱花園走，一組向麗城，於是我也跟著麗城那組走了。

所以你叫我和隊員怎麼參與？人人都是出來行行企企，趁墟心態。無啦無啦，根本一開始就知道是不可為的。大佬呀！我們現在是冷兵器對熱兵器呀，你沒決心，根本就沒得搞。

早期的時候，我們有些成員還想積極參與，甚至帶工具去現場，想把掛國旗的旗桿鋸斷。只是警方未到，現場其他抗爭者就已經勸阻，說這樣畫面不好看。所以我告訴隊員，這次沒得搞，不可能有甚麼勝算，一定是失敗告終。我們只出席一下就好，沒必要太過投入。當然，也有些隊員不聽，堅持要參與。於是我說『你就在自己區附近參與好了，晚上報個平安』，結果那些不聽的，後來都被捕了，現在還在獄中。」

〈肆〉人人話勇武　人人都勇武？

「那時候，經常帶領我們運動訓練的，就是老湯。你知道老湯嗎？……對，就是爆炸案那個。唉，他那時確實急了些，結果七月就被捕……怎麼看其他人指責？根本就豔鳩！自己沒膽升級，就將所有激進事，都說成是警方自編自導自演？接受不了別人勇過自己，才習慣第一時間把這些說成是『劇本』，然後合理化自己的懦弱。

部分和理非，之所以有這類想法，源於不熟悉歷史。以為只要我們不做過激的事，不做暴力行為，共產黨就會容許我們抗爭。但問題是甚麼是過激，都由中共決定。你看國安法，就是專門針對你們這些不講暴力的人。你早晚都要醒，分別只是早醒還是遲醒，我們比你早醒，所以才不會花時間去跟你爭拗，我把理念講出來了，你聽就過來，不聽就繼續。

魚蛋之後的三年，感覺過得飛快，因為我一直在準備著下一波更大衝突。當然，二〇一九年我們是有些成員，因為低估了警方的跟蹤能力而被捕，但大佬呀！我們當然有汽油彈，都已經準備了三年呀！」

老湯被捕後，組織聯絡人崗位懸空，阿安因資歷深，被上層指派擔任聯絡人，重新聯絡其他成員，看看誰被捕了需要律師，誰失蹤了。

「現在回想檢討，當日老湯被捕後，其他友好的小隊，沒幾個汲取到教訓，大家都防範性低，不知道哪來的自信，總覺得自己很安全，不會被跟上，像D隊和後來在洗手間放炸彈、要求港府封關的小隊……結果全都被捕。

認識一些其他小隊的人，我發現大家既不做體能集訓，也沒保密意識，小隊卻不停擴充，例如D小隊收了新成員回來，新成員沒參加幾次行動，就可以代表D隊又再另招隊員，這樣隨便收人，如何可保密？我們收人不像其他小隊那麼鬆散，一定要知道新成員的背景、住址，是甚麼人介紹，才會考慮讓他加入受訓。

其實最危險不是行動，而是如何收人。我有個朋友，他一直在現場收隊員，現在抗爭完了，他還在網上收。我一直勸他不要這樣。要不收回來，捱不了多久就退出，要不早晚收了個臥底就更危險。其實現場收也有風險，運動完了網上再找就更麻煩。

我們收人極度謹慎，第一次見面，絕不談組織的事，只會在公開場合見一下，隨便聊幾句。要是真的對那傢伙有興趣，就須叫他交出更多個人資料，我們不會容許甚麼都沒有，或只有個網名就加入。組織有自己一套查核程序，特別謹慎，拿資料拿到有人家覺得煩，有些人在要交資料時，就已經自行消失了。我從不介意人家不加入，不論你是鬼還是怕麻煩。

我在事前跟每個人說得很清楚，你自己想好，一交出了資料，就無法退出。要認同我們才好加入，那些和理非、五大訴求甚麼，我們一律不講，直接就行動；甚麼遊行或不做成傷害的手段，我們一概不做。要是你有猶疑，覺得擔心，不想加入……別勉強，我們沒所謂。」

〈伍〉前線精銳　付之一炬

八九月，阿安花更多時間在活動現場，招攬有興趣加入民族陣線的成員，但他說願意加入的人不少，可是許多人都有著不同的憧憬，以為一加入，就會馬上開始進行甚麼行動，卻發現迎來的，是無盡的體能訓練。

「你剛加入就想行動？你連幾下伏地挺身都做不到，有甚麼行動可以做呢？結果一訓練，許多人就用各種理由不出席，例如說感覺還是有點危險，最近忙啊，所以不來了。

中大和理大我是堅決不入裡面的。進去了，還能出來？我也吩咐自己隊員和朋友，全都不要參加。當然啦，仍有人不聽，沒得搞的，一早就說過，可是許多人都不聽，本來我也差點要在網上 post 出來，但有其他人反對，說這樣會得罪很多人。

其實整個策略都是錯的，堅持守那些大學宿舍有甚麼意義？戰略上完全沒意思！像理工那次，我有些前線認識的其他手足，不停收電話，說誰誰進了去，問題是進了去又不知道要幹甚麼，有些人又不夠膽自己爬欄出來，結果還得勞煩我們一些隊友不停進去，來回了四五次去救他們。

大家可能覺得中大打贏了，所以心雄起來。但問題是怎能算得上是贏呢？中大明明是警方自己退兵，警方自己累呀。而且他們發現，根本不需要這樣包圍你，而是可以圍點打援，他們就把這個事情在理大時發揮到極致，厲害！最後你看看有多少勇武、家長車和抗爭者，為了去救理大那群一頭熱血的人，而在油尖旺被捕了？

問題是香港抗爭者太天真，把警方想像得太笨。其實香港警察一點也不笨，他們訓練了很久。要對付沒有組織起來的人，實在太容易。理工一役，我們失去了差不多所有勇武，和理非也不想行前，無啦無啦無啦，應該都無㗎啦。」

〈陸〉高估自己　低估對手

自老湯被捕後，阿安接收了組織中許多裝備，當中包括一些有手臂般長，刀刃上有血槽（Blood Groove），開了封的軍刀。

「那是有手足本身儲開的刀，全都交了給我。那時我看到荃灣二坡坊有衝突，有些勇武和一些地區黑社會打起來，我就趕緊帶一些刀去，看看有否需要，誰知去到已經打完。

我聯絡過一些念化學或在化驗所工作的人，看看能否幫忙，他們雖然支持運動，卻不贊成升級。我有勸其他勇武，說這次沒得搞，如果有適合的新人，不如推介過來慢慢訓練。當然大家沒吵架，但他們就是不明白，為甚麼我們這麼灰，總是說『先別說以後，要顧好現在這場運動』。」

當年魚蛋革命之後，民族陣線的倉庫曾經被不明人士上門破壞，把老湯的文宣、旗幟和音響器材砸毀。阿安回想起來，認為當年這些不明人士，很可能不是黑社會，而是現在國安公處的前身。他當時也勸過老湯，他明顯已經被跟蹤，被盯上，應該低調一點。

「可惜當時他沒聽，還要把幾年前買了埋在地下的化學材料，掘出來去製作，結果被判上十八年（盧溢燊因認罪，量刑時扣減三分之一刑期，判囚十二年）。

到了一、二月，脅迫政府封關而放炸彈的那組人跟我聯絡，但他們神神秘秘，一時跟我說想要人，後來又失了蹤，本以為他們保密功夫也不錯，結果還是被跟上，許多時就是這樣，許多搞社運抗爭的人總是高估了自己，低估了對方。」

我好奇，目前仍潛伏香港、侃侃而談、堅持不走的他，是否亦是另一種高估了自己，低估了別人？

「哈哈……也可能吧，我想走的，只是之前一直有別的事情……唉。準備好就會走啦……家人怎樣看？他們不知道我這麼大鑊，他們以為我只是去示威，不知道我是放炸彈的那一群。」

〈柒〉積薪厝火非無事

阿安之前一直吩咐組員散開，各自活動，以免順藤摸瓜，一下子被一網打盡。

而他個人則直接跳過了火魔，套用他的說法，是開始收集「BB彈」。

「你記得那時候有群人，在亞馬遜網站購買手槍，報海關時，就填上是BB彈玩具槍，結果被搜出來？我們早他幾個月就開始搜集『BB彈』，一直在準備，結果因為他們的魯莽，連累到這個渠道都沒了。

我心想，哪有人這麼傻，直接將整把槍寄過來？怎可能不被抓？我們在許多年前開始，就已經知道要分拆零件，混合不同的東西一起寄。只是那批組合好的槍，被最高層埋在山邊地方，他早在一九年運動前就已經跑到海外，但又沒跟我說埋在哪裡。後來他告訴了一個不懂用槍的人，叫他把槍挖出來。

我們組織都是分層，最大的知道所有事情，第二層管理人員和情報。老湯被捕前，我還是下面的那些小孩，所以已經有槍的事，我都不知道。這樣保密，當然有好處，上層有人被捕，下面的人還可以沒事。可是那次我真的很生氣，既然都已經有槍，但為甚麼不給我們？我還自己在找子彈，就是找不到槍。結果，會用的拿不到，不懂用的拿著，又腳軟。就這樣白白浪費了，真是吹漲。

我們人太少，所以經常是潛伏，那些抗爭活動一開始，都貼在網上公開行程表，我們參與是送死。那時所有活動外圍都佈滿了便衣，根本是在等著活動一完，看那個面孔是比較熟悉和被通緝的，就把你抓起來。所以我們從不會走近，只會在外圍等候。

自從老湯出事之後，我們已經很少直接走上現場。因為群眾根本還未準備好，甚至現場擲的汽油彈，許多都只是用花生油做的，這有甚麼意義呢？」

〈捌〉自編自導麻包袋？

「那些有槍有子彈的，根本全部都是真的！我不知道其他人從哪裡搞來真槍，可是搞到了，又沒膽用，擱到有天警方上門來搜，這是搞甚麼鬼？」

在指責別人危機意識不足的同時，阿安認為自己不是最主要的追捕對象，因此仍可潛伏。

「我又不是最出名的那一批，要打擊都先打擊他們啦。當然，有了國安法後，我也知道早晚都要走，但總覺得還有時間，誰知道後來又封了關……」

二〇一九年七一遊行前，跑馬地警署被擲兩枚汽油彈一事，當時許多示威者都認為，這個看似無甚殺傷力的攻擊行為，是為了阻嚇一般家庭和理非抗爭者參與翌日的遊行。對此，阿安並不認同。

「雖然後來，很快就拉了擲汽油彈的人。可是運動支持者，還是會認為這是警方找黑幫自編自導自演的把戲。說這些話的人，是完全不了解警方運作，他們從來不會做一些自損威嚴的事。兩年後你重看，他們要阻嚇普通人去遊行，有太多的方法，直接不給你不反對通知書就行。反正平日的監視，都已經知道勇武在哪裡換衫，隨便就可以破他們的倉，指控他們使用暴力，那為甚麼還要自我攻擊？

更重要是，他們不能做一些事出來，損害自己團隊的士氣，因為要是他們遇襲，對他們整體士氣，確實會有嚴重影響。所以你才會看到，那個葵芳休班警員被三人襲擊斬傷後，警方是如何低調處理。我從不相信甚麼自編自導的說法。」

〈玖〉識者能知火未燃

籌備離開的阿安，將手上的「ＢＢ彈」，全交予一位民族陣線以外，能自製手槍的手足。

「他約我出來，把自製的槍帶出來給我試。我去郊外找了棵樹，樹幹直徑有十幾二十厘米。然後隔著幾米去射，樹幹被打出了一個指頭大的洞。最厲害的是，他連子彈都能自製。

其實子彈火藥不難製，只是氧化劑加燃料，燃料可以是硫磺，也可是木炭。

氧化劑也有很多種，可循市面合法途徑找到。至於提煉細節，他有示範給我看，但不跟你講太多嘞，免得寫出來，害到其他人。氧化劑的製作過程，會產生濃烈氣味，不能在人多的高樓大廈裡製造，尤其是大量製作，你不抽風，會中毒；抽風出去，鄰居會很容易發現。

我把手上的『BB彈』都全交給他，看他能否用得上。那時候我勸過他，我說你懂得做，應該教其他手足嘛。但他只在沉迷時才瘋狂去整，過一段時間，又突然擱下不管。他砌了出來，又不給別人用，又不畫設計圖，全都自己收起來。

搞得社會運動的這些友，大部分都神神化化，不是抑鬱，就是自閉。永遠不聽人家講，覺得自己那一套，就是完美無瑕，但最後都是衰在那些自我感覺良好的事情上。我有勸過他，他不聽，堅持不走，也沒辦法。待我走了安頓好，要是有能力，就試下再勸他過來，就一起想想，在那邊繼續弄吧。當然，現在這時勢，無啦無啦無啦，甚麼都動不了。」

阿安作為行動最激進的勇武派，這「無啦無啦無啦」口頭禪，卻常會掛在嘴邊，而且每次說完，都沉默良久。我好奇，他是否已經對這次運動心灰意冷？

「剛好相反喎，我就是覺得運動抗爭無望才最好。我焦土派㗎，最喜歡加速，現在這樣好呀！你們和理非幻想的東西全都失去，遊行的，被跟蹤；踢保的，被翻兜[35]。民主派議員都被抓，這些都是好事。最近又開始搞那些甚麼公會呀、民陣團體呀，好吖，盡快加速。最好連 YouTube 和那些 KOL 都限制。讓所有不滿的市民、所有宣洩渠道和出氣口都封閉，這樣才能醞釀下次更多人爆發。無啦無啦無啦是好事！快點，我都在等啦……聊到這裡，也差不多了吧？」

（後記：阿安於訪問發表前，已逃離香港。）

35／翻兜：粵語俚詞，本為一種烹調技巧，後引伸為指吃回頭草。此處意謂當事人踢保後，再被警方拘捕起訴。

當我們不知道該恨誰時，就會恨我們自己。

—— 恰克·帕拉尼克（Chuck Palahniuk）

女　差一個月廿三歲

訪談於二〇二〇年十一月至二〇二一年三月

第九回

你老母憑甚麼打碎我肩胛骨？

〈壹〉通往地下水道的列車

「你知道嗎？來到台灣，我經常跟身邊人抱怨，幹嘛沒得閉闖（做愛）啊？好想閉闖呢！

運動開始前，我一直都有拍拖，男友一分手，緊接就下一個，中間也會有炮友。可是抗爭後就無再拍拖，也沒做愛。因為覺得自己已經沒資格拍拖，雖然仍有性慾，但就是沒閉，整個運動都沒有閉。

來台灣大半年，我還是台灣的處女喲。有些香港炮友說，只要台灣一解除封關，就會過來幹我，我一直都在等著呀。當然，現在炮友也得分黃藍，藍的，免嘞。」

一開始，我本來打算先問阿騷（化名），在流亡中最懷念香港的是甚麼。只是還沒來得及提問，還差一個月就廿三歲的她，就劈頭先自行提供答案。但我好奇，既然有需求，為何要等通關進口？而不找在地食材？

「一定程度上都是我自己的問題啦，已經不想跟陌生人接觸。因為我覺得自己很恐怖，會嚇著新認識的人。現在經常兩星期不洗澡，不洗頭，也不出門。以前不洗頭只因為懶，現在不洗頭是因為驚。水一淋過臉，我就想起在理大逃走時，爬的那條坑渠。我是第一個爬進坑渠逃走的。那時候這條逃走路線還未被爆出來，沒有繩子沒有燈，甚麼都沒有，我就直接進來，所有轉彎位都是直角，幸好在理大內餓了好幾天，不然肥一點都爬不過。

我沒有等其他人，也沒通知別人，我習慣當獨行俠，要先走。因為和警察打時，我身上有東西被扯走，上面有我資料，不肯定他們有沒有查出來。加上我的哮喘藥，不知被哪個手足借了後沒還回來，所以一定要出去。出來後才聽說，有人找到甚麼圖紙。坦白講，要是我聽說有人有圖紙，我也不相信，理工大學內為甚麼會找到地下水系統圖紙？這肯定有伏（有陷阱）啦。而且這些事情在甚麼 Channel 上張揚開，早晚會被發現了。所以一個人爬進去，一個人走，才最安全。」

阿騷從沒打算維持輿論中對抗爭者的道德光環，她坦誠自己在運動發生前，關心的只有拍拖、炮友、SM和吸毒。六一二爆發後，她沒參與遊行，只是偶爾見到警察在街頭佈防時，會大聲指罵：「屌你老母垃圾！」

她甚至苦笑說，自己是連二〇一四年雨傘運動中，防暴警察放過催淚彈一事也毫不知情。她從沒想過，人生竟在二〇一九年八月三十一日有如此劇變。接下來半年所作一切，即使現在於高雄靜下來時，也搞不懂自己為何會參與的。

「真心想說，我是很無辜的。那個晚上，我和朋友到旺角吃雞煲，吃完後到太子酒吧街飲酒直落，所以才會搭上了那港鐵。就這樣，衝進來的警察打碎了我的肩胛骨。那時候，我就是不服！就是不順！你他媽的憑甚麼可以打碎我的肩胛骨？我就他媽的要打回他們！我有權報仇！

一開始，我只去做滅煙，跟著去搬磚掟磚，跟著設路障，之後就打狗救人。我甚至直接撚狗，不是在他們後面撚，而是拿著汽油彈，在他們面前喝罵：『你夠薑就拉我！』我一點都不怕警察，一來我早就經常出入警署，而且我有情緒病，要吃精神科藥物，拿白卡[36]，你可以拿我怎麼樣？抓了也告不了。有些前線警察認出我，會跟旁邊同僚說：『抓這個他媽的沒用，抓別人。』

當初一開始，我只是集中報仇，攻擊差人（警察）。但在參與過程中，慢慢開始了解政治，從港豬變成了真正知道前線發生甚麼事。有些不方便講，就不講太多，但總括來說，你能想像的，我都有做，所有前線男勇武有做的，我全都做了，還做得比他們更瘋更狠。」

〈貳〉地方打炮的禮儀

要約阿騷訪談並不容易，因為她的情緒經常處於波動狀態。經中間人安排了

36／白卡：自一九九九年，港府為殘疾及精神病患人士，提供自願登記的殘疾人士證，持證者在乘車及於公共場所購票時可獲優惠。由於證件為白色，因而俗稱白卡。市民則用「白卡佬」稱呼，嘲諷街頭上行為怪異的人士。

某天首次訪談，但事前有個晚上，她突然打來，說雖然未到原來約定時間，但因為她失眠，所以就想現在先於通訊軟件中聊一下，但又因她是跟其他手足同住，所以不能用語音通話，於是只能透過文字一直聊到天亮。

幾天後到了正式約定時間，她沒接電話。後來再約了好幾次，每次不是睡過頭，就是情緒失控，或沒心情，又或別的事在忙等。結果一直沒有連繫上，我甚至一度認為訪談已經無法繼續。

三、四個月過去，有天通訊軟件上突然收到個名字不認識的信息，內容只有簡單幾個字：「星期二巧矛（好冇）？」我看得一頭霧水，翻看資料後，才發現原來是她，她已改了好幾次名字。

阿騷就像從沒失聯過一樣，從三個月前直接就跳到現在這時空。

重新聯絡後，我問了我最關心、也同是阿騷自己最關心的問題：「對了，找到人上床沒有？」

「哈，你竟然還記得？」她馬上激動說：「說來痛苦，高雄一直找不到，已經一整年了！過去在香港，識男生通常都是上班或同學約出來後，一個帶一個地認識其他人。但這裡我不跟其他手足出去，又退了學，也沒上班，根本沒機會識男生。加上身分比較特殊，別人問一句『嗯，你從香港來？那來幹嘛啊？』，其實他沒甚麼動機，也不是想刺探甚麼，溝女話題都是這樣開始的，可我馬上就會緊張，心想，你幹嘛要知道這麼多？他媽的關你屁事？打炮就打炮，打個炮還得問時辰八字？別想知道我的事。結果就形成其實對方無心，但我聽了就緊張的狀況，可能經歷香港這段運動，讓我們下意識有防範。不是對方的問題，是我自己而已。

始終地方不同，溝女模式也有分別。香港玩交友App的，絕大部分都是為了上床，通常都是稱讚你放到網上的照片，讚個幾句就直奔主題。在這裡，只能說他們太有禮貌，一直不提打炮，真的只在聊天。純粹上床打炮的，不到三成，救命。可能高雄少一點，新北也許會多一點吧……為甚麼？我不知道喲，事關新北市好像經常出現風化案，被那些網友取笑為色情口味重的城市嘛。」

#〈參〉沒甚麼可以輸

十一月，阿騷參與了所有黎明行動。

「基本上九龍區我是全程100%的出席率，因為地區比較熟，不用擔心自己會連累他人。那時候因為網上太多臥底，所以都是相約早上在某個地方等，見面後大家現場開個群組，然後就用那個群組通訊。」

對此我有疑惑，要是事前討論時會擔心有警方臥底，那出來見面後開個群組就沒有？這方面，阿騷顯得懶理。

「我驚鬧咩？坦白講，許多人很害怕被捕，但我一點都不怕，因為我根本沒甚麼東西可以輸，有沒有鬼在裡面？我懶得理！你要拘捕我嗎？好呀，就拘捕吧，又沒人會急著要來保釋我，你就慢慢等囉！放心，我也沒所謂。我長期處於情緒不好的狀態，不是那種浮動情緒高低的不好，而是長期在低位，我已經在一個坑谷裡的最深處，所以根本沒分別。

我試過在黎明行動中，跑遍了整個荃灣，你說是不是很瘋狂？我們在沙咀道球場集合，向荃灣西方向跑，到了德士古道，再轉往熊貓酒店，然後回到沙咀道，沿途一直設路障堵路。大家拆下鐵欄，用索帶扎起。我嫌用六角匙拆太慢，所以就拿了家中一個可以剪鐵枝的大剪鉗出來，我也不知道為何家中會有這工具，但我直接就把欄杆剪下來。」

阿騷有次不留神，把冰箱裡的雞蛋弄破，過幾天後發現臭得異常，於是她開始買些雞蛋回來，弄破後再注入顏料，製成臭漆蛋，然後黎明行動時都拿來擲防暴警察。

「加了顏料，能遮擋面罩視線，加上真的好餲臭，所以每次被擲中後，他們都得除頭盔去清理。幸好小時候練過擲鐵餅，才能這麼準，哈哈……」

臭蛋擲中警員，某程度報了被揍的仇。但同時行動也有失落的時候，像她與同伙在荃灣架設路障，路中焚燒雜物阻礙行車線時，一直到火焰完全熄滅，警方都無人出現，連消防也沒到場，這讓她和手足覺得一點面子都沒有，彷彿堵路行動沒有得到警方的回應，就變成毫無意思。「那天大家覺得無聊，便解散回家了。」

〈肆〉樓下有狗

「我不像其他爭取民主的手足那麼偉大，但我是出來後，才邊打邊學甚麼是民主。我過去連哪個人是民主黨也不知道，完全是港豬到極點！出來只是陰差陽錯，但我很慶幸這個陰差陽錯的出現。當然，並不包括我被打那部分啦。

其實我好幾次都想把街上那些消防喉扭開，像黃大仙那個水舞間一樣地噴水堵路，但我發現原來真的很難開，真不明白黃大仙手足是怎麼可以做到。」

她曾在前線碰到自己中學時的老師，起初還以為老師只是路過。

「我蒙上了全身，他都認得出我，走過來問我在幹甚麼。我說我守著這街，他說他的車就在那邊，誰要走都可以上車。我從沒想過這個中學老師竟會駕家長車出來，看不出來啊。哈哈。」

中大保衛戰，阿騷本來約好了同伴，睡醒後就一起到中大幫忙，那時中大已打了好幾天。誰知一醒就收到消息，理工也開始發生激烈打鬥，於是就決定改到理工支援，那時候她不管上班還是消遣，背包裡總帶著全套裝備，任何時候要出動都可以換裝。阿騷進理工守了好幾天，最終從水渠逃出，過後也沒想過要離開香港。她和朋友一起住，有天她出外，朋友突然來電：「喂，我剛才到樓下溜狗，突然看到很多狗。」

「你溜狗，看到狗，很正常啊。」阿騷不明所以。

「我說**狗**呀！」原來朋友是指警察。

此時，阿騷才驚覺自己可能有危險，警方開始在樓下守候她回家。家人和朋友都勸她趕快走，但她不想永遠流亡，親友說先到海外過冷河[37]，幾個月後沒事再回來也不遲。「誰知道我一上機，警員就上門拍門。」這讓她肯定身分已經曝光了。

〈伍〉勇武不能Gel個甲？

阿騷到台灣後，很少與家人聯絡，因為雖然一家都黃，但每次通話時難免會吵架。

「主要因為我爸覺得我根本不用走，他每次都說：『我不覺得你會出事囉，你又不是甚麼大角色』我一聽就生氣反駁：『你係咪戇鳩㗎？現在連借個地方出來給初選都被捕呀！』他就會說：『別人出名咪有事！你不出名，就不會有事囉！』我說許多人是因為有事才出名，不是出名才有事。

所以雖然他是黃，但覺得我應該早點回香港，不要經常伸手問援助組織拿錢，我罵他咪撚搞錯，我根本沒拿甚麼錢呀！我有自己賺生活費呀！然後到我媽，她就一直罵我說：『你咪撚返嚟呀！現在香港是地獄！』我反問：『我哪有說過要回來？』總之每次跟他們講電話，就是這樣重複吵著，講多了也覺無聊。

在香港，我是自願作廢青；但來到這裡，是被逼作廢青。等如你自己去飲酒，和我逼你飲酒，是兩回事，雖然都是同一杯酒。在香港，只要想返工，總可以找到短期工。日薪也好，就返一天賺個幾百元，這是我能力內可做到的事，只是很多時候是我選擇不做而已。但來到這裡，我是無能力做任何事，又要擔心居留證和健保卡，即使走去那些店應徵，他們一看你是香港來的，就說沒打算請外地人。」

結果阿騷也懶得去找工作，只在網上做些小生意。「我發現網上比做市集好，

37／過冷河：粵語俚詞，本為一種烹調技巧，後引伸為指避風頭，或一段關係中的冷靜期。

早前我用了一千台幣，投了個年宵市場的地攤。真是別貪便宜，原來一千台幣的位置，根本沒人會經過。」

阿騷常處於一種矛盾狀態，她一方面會用手足名義去做代購；但同時又拒絕與其他流亡手足有太多交流。

「我不太想說其他人，但簡單來說，我認為不是手足就代表每一個都是好人，即使是好人，也不代表每一個手足都能夠好好相處。而且我也不想常背負著**手足**這個身分。你別誤會，要是能夠回去再打，我一定會回去；但要是現在無法馬上回去，我就不想待在這個圈子，我想做回一個人，不想每一件事情，都要帶著流亡手足這個身分。

記得初來到時，有天我生日，已經好久沒做愛，有個家長好心問我想要甚麼禮物，我說想做愛，那當然沒找到人啦。結果那家長送了個禮物給我，是比較名貴的東西，但又不算是很名貴那種。可是當我拿出去時，就遇過手足說：『嘩！

你很有錢啊！』我說是別人送的，他就說：『嘩！有這麼有錢的朋友？甚麼時候介紹讓我認識一下？』我不明白，明明人家送我生日禮物，為甚麼變成一種罪行？我只是一個正常的嚫妹，即使現在流亡，為甚麼就不能繼續做個正常嚫妹？好像我 Gel 甲，是因為我甲質不好，不 Gel 就無法留長，連這樣都會在網上被人說三道四：『嘩！這樣 Gel 甲？到底是否真手足呢？』大佬呀！在前線打時，我也是 Gel 了指甲去的，只是 Gel 得比較短而已。」

〈陸〉如果穿黑衣，吃黃店都有用

「現在在台灣食好睡好，只是看到新聞會有點難過，就像前天，大家說要全城穿黑衣，支持四十七名被捕的初選民主派議員。我想說，可以，但穿黑衣不是全部。從一九年開始，穿黑衣是必須的，也只是最基本。穿黑衣就跟吃黃店一樣，只是支持和表態，但這樣是不能達到任何目的，只是一點心意而已。如果穿黑衣，吃黃店有用，咁我駛撚出嚟打同設路障咩？」

本來有衝動想問：你當初不是說，出來只是想報仇的嗎？最後還是忍著沒問。

「而且那天也不只四十七人，隔壁還有被捕手足上庭，卻一個旁聽都沒有。大家只一直在這庭排隊，分一些人過去那邊不行嗎？香港人就是這麼戇鳩（此處意思為不識時務），只是為了表態支持有名氣的人。

說到底，香港人太善忘。完全忘了的人，我還不會怎麼生氣；最讓我生氣的，就是那些忘了七二一、八三一，卻認為吃黃店就是抗爭的人。我不是情緒勒索，也不是要求甚麼，只是氣他們怎會一點創傷後遺都沒有？怎麼可以完全忘記？我不會問你們是否對得起我們，反正當初我出來，也不是為了你們。

但我只是想說，你們可不可以喚醒自己？我知是很痛苦，但不痛苦是做不了甚麼事情的。坦白說，生活在一個很舒適的圈裡，遲早會變成一頭港豬。你被人強姦了，要不你就完全放蕩自己周圍摟冚[38]；要不就永遠不要再接觸性行為。通常結果都在這兩極之間，你扮不記得所有事，當沒發生過，和你真的沒事是不一樣的。我只想找到我的幸福感。」

阿騷說完陷入良久的沉思。我想，大概訪談應該到此為止，最後我祝福她，希望她會找到她久違了的幸福感。雖然我不太肯定，她所指的，是打回香港，還是找人上床。

「盡量吧。」阿騷說。

38／摟𨳒：粵語髒話，意指約炮或向人提出性暗示。

沒有其他人能告訴香港人如何抗爭，因為他們已是經驗老到的組織者。

—— 馬克・恩格勒（Mark Engler）、保羅・恩格勒（Paul Engler）
《革命時代——公民抗爭如何改寫二十一世紀》（This Is an Uprising: How Nonviolent Revolt Is Shaping the Twenty-First Century）前言〈寫給中文版讀者〉

男　廿幾歲

訪談於二〇二一年三月

第十回

大棠山誌異

〈壹〉麋鹿不自由

二〇一九年十二月十四日，美國密歇根州的貢納爾・米勒（Gunnar Miller），帶八歲女兒布萊莉・米勒（Braeleigh Miller）打獵，布萊莉在嚮導協助下，以成人的點三〇八口徑步槍，從二百多碼（約一百八十二米）外，擊斃一頭七百磅（約三百一十八公斤）的雌性麋鹿。父親於臉書上發放了女兒與麋鹿屍體的合照，並興奮宣稱她正式成為「密歇根州最年輕的麋鹿獵人」。

此事引起爭論，有網友說該步槍後座力強大，非兒童所能控制；有人對口徑與射程存疑；也有人認為，米勒誇大其女兒在狩獵過程中的參與度；即使相信的網民，部分亦譴責他對女兒的教育太血腥。

這讓人想起台灣的原住民太魯閣族，族人一直以狩獵為生，對狩獵有品德上的規範。其中一條就規定族人，在向他人講述狩獵過程時，「不可誇大言辭、自大」。

當布萊莉拿著子彈殼，一臉稚嫩笑著拍照留念。父親卻忙於反駁質疑，說女兒對步槍後座力應付得很好。選擇相信的人自會相信；懷疑論者則總可找出幾十個觀點和理由去質疑。

大概每人對此事的判斷，某程度都會比對自己八歲時的行徑與記憶。傾向質疑布萊莉做不到，心理上多少可為自身八歲時的懵懂及沒甚作為辯解，不只是我，而是所有八歲小孩都無法成就這不可能的任務呀。非我過分懦弱，只是他人誇大其辭。

女兒開心，父親堅持，嚮導和應，麋鹿沉默。我們無法還原雪地上的真相，除非有天女兒願意出來說話，或有寵物通靈師，接通被製成標本掛在米勒家中的那麋鹿頭（會將八歲女兒與鹿屍合照放上網，大概也會把它製成標本吧。雖然只是個假設，但也算個合理假設）。

我在麋鹿事件後四個月，才於網路讀到英國《每日鏡報》上的這篇報導。看完沒幾天，就與阿肥（化名）做採訪。而阿肥作為流亡勇武的身分，已經過協助流亡人士的組織，和台灣政府當局所確認。

許多流亡者都不會介意透過加密軟件進行電話聊天，但二十多歲的他則非常小心，堅持不進行任何語音交流，只肯透過打字來溝通，有時候討論一些敏感內容時，甚至得另開一個帳戶，並設定為數十秒內自動刪除訊息。他是我接觸過的流亡者中，最謹慎的一位。

〈貳〉必要的武力

雖然阿肥在反送中前，未曾實際參與過社運，但全家均為支持抗爭的黃絲。父母是左膠，覺得遊行抗爭可以，但阻人返工，攬炒經濟等行為則不應該。阿肥從不掩飾自己的激進想法，家庭飯聚上，會直接發表激進言論，認為示威者應該進行更多勇武，甚至應該毫不猶疑襲擊、殺警員。

「幸好我爸被我說服到，開始明白武力是必須的。我不做，也有其他手足做，那不如我出一分力。我媽是那種支持遊行唱歌的口頭抗爭，就算有人動手，也不希望動手那個是她兒子。

但我沒理會，吃飯時會大罵黑警應該直接死全家，應該被綁架、被暗殺，也會告訴他們，今天晚上或未來一兩日要出去『發夢』（參與示威活動）。有些左膠的親戚會說『咁又不用的，法律會制裁他們嘛』，又或是好言相勸『那天你乖乖地，陪我們一起遊行啦，別走太前吧』，當然，我怎麼會聽。」

從六月初，阿肥就開始設路障、滅煙、幫忙做急救隊，也會疏散一些在遊行結束後，還站在衝突前線的和理非。那時和平示威遊行完結，勇武派會開始和警方衝突，而大部分支持和平遊行的人會自動撤離，不過總有些一直站在那裡不走，與打算跟警方衝突的蒙面抗爭者們貼得很近。對激進抗爭者來說，他們不單是阻礙，更是負累，因為一旦開始掟磚及汽油彈，警方施放催淚彈或進攻時，這些後排群眾，就阻礙了前線抗爭者的移動。為免被阻，阿肥會一面抵抗警察，一面勸群眾離開。

「通常都只能大聲嗌他們走，指著去坐車的方向，但叫了不走的，我也懶得理他們。我出來是為了打擊政權，對抗黑警，並不是抱著保護同路人的心態。」

同行朋友中，他是比較激進。只有他會事前準備汽油彈，帶到現場去掟，其他人沒參與，只在旁邊拿傘替他作掩護。這讓他覺得，這些一開始同行的朋友，根本沒準備升級，阿肥開始傾向獨行，在現場和其他勇武去臨時組隊，再即場決定行動。

問到會否擔心，這樣現場組隊，會有警方臥底混入。他說當刻沒想太多。

「同埋嗰排，鑊鑊啲TG（催淚彈）都射到闆咁，我覺得無狗會咁笨混入嚟揸嘢囉。」

〈參〉進擊麻包袋

七月廿一日西環之役，阿肥覺得是自己最接近死亡的經歷。

「我跟平時一樣出去，現場即興組了個隊，準備到西港城那邊，想由行人天橋樓梯頂，攻上行車天橋去打狗。但那班狗連續射了六、七個TG，有一個直接打爛了我的面罩，我吸了過量TG，直接就暈倒，急救員拖我去後排，之後慢慢醒來，再回到前線。」

阿肥說那天最遺憾的，就是沒攻擊到警員。後來他開始不再到示威現場，而是加入另一更激進的勇武小隊，開始嘗試傳聞中的「麻包袋事件」。所謂麻包袋事件，就是埋伏襲擊休班警員，以報復其參與鎮壓示威。這種形式，普遍認為是由一九一九年愛爾蘭獨立軍領袖麥可．柯林斯（Michael Collins）所開發，當時用於愛爾蘭獨立戰爭期間，針對英國派員及協助英政府的愛爾蘭線人。在二〇一三年烏克蘭革命時，烏克蘭警方以狙擊手射殺示威者後，也出現過大量這樣的反撲。

反送中期間，網上也一直盛傳，說自八月開始，最起碼有九宗這類麻包袋事件發生，只是警方不想消息流出，所以大量刪掉了那些連登貼圖和網上影片。

抗爭運動開始後，我常常每天花上十多小時，盯著各個媒體的影片直播，也留意著各個社交平台。因此我也曾看過好幾條類似的影片，包括在北角附近有十多人圍毆兩名警員。但有正式新聞媒體流出的，要算到是八月三十日晚上，在葵芳警署外，三名蒙面刀手埋伏斬傷休班警員事件。

事後，一個名為「V小隊」的組織，透過Telegrams群組「戰術公海谷」的Admin，於社交媒體發表了近萬字的〈前線革命宣言〉，組織承認襲擊責任，並闡述行動理念。其後網路媒體《立場新聞》亦有轉載，並對V小隊成員進行訪問。及後國安法實施，《立場新聞》亦刪去該文章及報導。

現在，你不會在網上找到V小隊的宣言及訪問，甚至連《立場新聞》的其他報導也再找不到半點痕跡，因為香港警方於二〇二〇年十二月廿九日，以串謀發佈煽動刊物罪，拘捕七名現任和已辭職高層，並凍結六千多萬港元的媒體資產。同日，《立場新聞》宣佈即日停止運作、刪除所有報導、遣散員工。

許多市民及運動同情者，甚至參與過二百萬遊行的人，不少對於V小隊這類行為都是有所保留，他們接受遊行、文宣、叫口號、國際線；支持設路障、佔領道路、破壞公路、丟雜物、癱瘓交通；甚至對於擲汽油彈、破壞親共或中資企業都能堅持不割蓆，不反對，或別過臉；可是這種麻包袋行為，就超越了他們的道德界限。基於運動開始時提倡過的「核爆也不割」口號，大家需要找一個內心調節，因此部分人會傾向相信，事件屬警方「自編自導自演」，以圖嫁禍示威者；又會質疑V小隊宣言欠缺證據、無故披露過多策略部署、文章貶低「和理非」和文宣組貢獻，製造和勇分化，是為迎合中共的「恐怖份子」及「外國勢力」等指控，為強力鎮壓提供痛腳與借口。

這些人也許認為，只要內心微調好，那倒算守得住了當日「核爆也不割」的承諾。沒有割蓆，只是拆穿政權陰謀與劇本。

〈肆〉大棠山上的都市傳說

阿肥跟其他激進勇武，一起參與了兩次麻包袋行動，第一次他負責掩護，由其他人動手，所以在遠處監視的他，知道的不多，只知道過程中打傷了一名警員。第二次在十月一日之後，當示威者健仔被警員朝胸口開了一槍，阿肥和其他人便決定要把行動再升級，不能再是一輪圍毆式的教訓。

「我們四個人，在元朗狗屋（警署）外等，他們一 Team 八個人下班出來，其後分開走了。我們跟上其中一個，三十歲左右，約一米八高、身形壯健的男警。他去到教育路時，我們四人合力把他推入後巷，套上麻包袋，再推上車。車上，我們將他手繫上索帶，再用鐵鎚打到他失去知覺，車一直駛上大棠山山頂的停車場，然後就在那個崖邊把他推下去。抬他下車時，他已沒知覺，我也不肯定他是生是死。」

你們把他推上車時，有檢查過他的證件嗎？

「無。」

那你怎麼能肯定他是警員？

「他從警署出來，也可能不是。」

你怎麼能肯定呢？

「對不起，我們不是受過專業訓練的隊伍，只是擒擒青青（匆忙）地完事。」

所以你肯定到他是從警署出來？

「Yes」

當時大概幾點？

「0300至0400。」

行動後，你們有甚麼感覺？

「沒甚麼感覺，一完事就去了喝酒。」

為了慶祝？認為他應該死了？

「對。」

我沒到過那位置，你估計那裡大概有多少米高？

「兩至三百米？Maybe。」（按：大棠山正確高度為海拔一〇八米。）

我不是說那座山，我是想知道，你們把他掉下去的那懸崖，因為要是崖邊兩三米就到地，那不一定會死，十幾米就沒可能生還。

「當時太黑了，我真的不清楚。」

第二天新聞沒報導。

「對，沒報。」

要是真的死了，不可能不報吧？

「這個問題，我答不了你。」

對於新聞沒報，你和其他人有甚麼看法？

「我做完自己爽。其他人繼續在策劃下一單。」

決定要殺警察，是因為健仔那個事情？當天行動是討論要殺人，還是只為了教訓一下他？

「健仔槍擊事件是理由之一，我本身就仇恨警察，那時已經沒有『只教訓一下』這個選項。你畀蚊係咁針，你會點煙焗暈佢，定用手拍死吖？」

正如我們痛恨警察和政權，把示威者稱呼為甲由一樣。有人會認為，這樣對一個群體非人性化（Dehumanization）的比喻，是個危險的下滑坡，會一直走向極端仇恨。

「那要追溯回源頭，到底是甚麼令我們成為了魔鬼？人性本善，有時是身不由己。」

我有預感，把這事寫出來，讀者讀到這裡，即使你的同路人，甚至是深黃，也可能有部分人會接受不到這大棠山的事，你有甚麼想和他們說？

「一、那請大家繼續接受自己或身邊人被傷害；

二、其實你已經算不上是我的同路人；

三、食屎把啦；

四、不服來辯；

五、麻煩你替我找出兩張行刑式拘捕的照片，例如手足在桔梗天台上趴地的那張，和理大外被制服手足跪地的那張。」

這樣爭取你心目中的公義，不介意會成為運動中的少數？即使其他抗爭者不認同也無所謂？

「無所謂，也不介意。我出來革命，不是為了討好任何人，而是為了爭取我們心目中的公義。從古至今的重大變革，都是由少數人推動，如果能叫醒所有人，當然最好，但客觀事實是根本不可能，我會慶幸我能夠成為這些少數。」

〈伍〉可能性的A／B

我沒處身密歇根州雪地，亦不在大棠山頂，因此難以得知其完整經過。聽著阿肥的事情，我盡可能去想象各種假設，歸納出以下幾項可能——

可能性A：阿肥說謊，大棠山事件為虛構。

出於對警方和政權的仇恨，他虛構了這麻包袋事件，並藉這篇訪問，從而讓支持抗爭者感到一種「有勇者在替我們執行以眼還眼式公義」的安慰。讓我們有種錯覺，我們不是只在捱打的一方，也有著反擊能力，只是消息都被港府壓了下來而已……這故事可成為示威者的一道精神安慰劑，也能讓阿肥在其他流亡者中，獲得更大的尊重。

可能性B：阿肥說實話，事件確實發生了。

如果事件是真，它沒有暴露於公眾面前的原因，可能有以下五種，由B衍生出來的可能：

可能性B 1：一米八警員墜崖死亡，警方發現後，收回屍體。為免助長抗爭者氣焰，打擊了警隊士氣，及引發其他警員不安，因此政權高層下令要壓制消息外洩。

可能性B2：一米八警員墜崖後，沒死掉，只是受傷。醒過來後自行掙脫下山，基於部分B1原因，也怕影響上級對他觀感，因此決定對此守口如瓶，不向上級匯報，當沒事發生，直接回家。

可能性B3：一米八警員醒來後自行下山，或求救被找到。向上級匯報遇襲，但基於B1原因，照樣把消息壓了下來。

可能性B4：一米八警員墜崖後，屍體一直沒有被發現，警方對於有警員失蹤，也基於B1原因，把消息壓下不公開（以香港地理環境，這可能性比較微，但姑且保留）。

可能性B5：一米八事主並非警員，只是個於警署出來的外判工，或報案人士，在錯誤時間出現在錯誤地點，被阿肥錯誤地執行了痲包袋，最後受傷，或死亡。政權知道後，也基於B1的考慮，把消息壓下不公開（這可能性同樣很微，因為如果遇襲受傷的並非警員，政權公開，正好能加強公眾對激進示威者的厭惡，所以要壓下消息的動機並不充分）。

坦白說，我無法驗證阿肥的說辭，是屬於A或是B。我只知道總有一方在說謊，要不是阿肥，要不就是警方。基於過往經驗，阿肥說謊的誘因，似乎沒有警方要掩蓋消息的誘因來得大。當然，這種純粹比較誰的誘因更大，也不能作為完全定罪的證據，但可作為判斷事情的輔助參考。

阿肥要讓自己看起來更勇武，更激進，不需要虛構這故事。他已經上了前線，目前亦承受著流亡海外，永遠不能回香港的結局，沒太大必要再繼續在上面加光環；而從B引申出來的B1至B5，也許會被人說是陰謀論，或捕風捉影。但讓我們回想一下，港府、警方和背後的中共，在抗爭中所作的行為模式。

二〇一九年六月廿九日，廿一歲盧姓女生，在粉嶺嘉福邨福泰樓高處墜下，她生前用紅筆在後樓梯牆上寫下遺言，說明其輕生原因是反送中運動。其遺言被首先到場的記者和街坊拍了下來傳到網路。這是死者的死亡之相關證據，港府和警方在還沒查證文字是否真由死者所寫的情況下，不到廿四小時就迅速用油漆塗蓋文字。那到底女生是真的死於自殺？還是被謀殺後，故意假裝成自殺呢？要是後者，這些字跡很可能就是證據，但警方不深究，直接塗蓋掉。可見他們擔心這些文字被廣泛傳播，繼續鼓勵抗爭運動和激起更大回響。警方所作的決定，明顯以政治因素作為優先考慮。就連街上執行職務都要蒙著面，也默許警員把身上編號隱蔽，這樣的事，政府會想公開嗎？

也有人會認為，這些是純粹猜測，在沒有完全確實的證據前，都應該抱有懷疑態度。對此，我基本上是同意，但一定程度上，這也就是所謂的科學性緘默。許多人在沒有完整的、百分百無可否定的證據前，拒絕透過思考去作判斷。

你可以相信，在二〇一九年中至二〇二〇年，在示威現場穿著香港警察制服、操著普通話，甚至被拍到在執勤時，偷空跑進化妝品店，買大盒免稅化妝品的防暴警察[39]，這些全都是香港正規警察；你也可以相信，二〇一九年九月十九日晚上，十五歲的陳彥霖乘計程車從學校到將軍澳海邊，她把錢包留在學校，但有錢

39／由於香港為免稅港，加上匯率因素，歐美日韓化妝品品牌之價格，普遍為內地價格的七十至八十百分比。香港海關對假貨的查處，相對內地市場而言，更頻繁也更嚴格，因而香港假貨少，款式也較齊全。所以內地遊客喜歡赴香港選購化妝品，亦有內地女士喜歡託來港工作或旅行的家人親友，替她們代購化妝品。此片段因而讓不少民眾懷疑，該速龍小隊防暴警察，實為內地赴港之公安人員。而親中共媒體則嘗試解釋，指該速龍小隊防暴警察「據報」在執勤期間，發現化妝店有盜竊案，拿走之紅色禮盒「相信」是證物。

付車資。然後莫名其妙地脫下後來全都不知所蹤的衣服，獨自全裸跳進海中自殺；你亦可以相信，二〇一九年十一月三日晚上，廿二歲的周梓樂，在他所住的將軍澳區尚德停車場裡，因誤會三樓石壆後有路，於是直接不望，跨過石壆墜樓喪生，雖然該位置從未發生類似意外，但周的意外發生後，同近位置閉路電視，當晚就剛巧拍到，同樣有兩個人也如此跳出，但千鈞一髮間才拉著石壆保命，這正好方便解釋周的死應該是意外；你還可以相信，二〇二〇年一月十三日，三十四歲無欠債無情緒問題的男子郭振江，以頭下腳上的奇怪姿勢，從油塘紀律部隊宿舍高翔苑高康閣，廿九至三十樓梯間狹窄氣窗爬出（他並非該處住客），大概他當時剛巧察覺，對面大廈的菲傭無意之中發現了他，並正以手機進行拍攝，於是他決定故意裝成身驅無力，緩緩擠出窗外墜樓自殺，藉此佈下「他殺疑雲」的局來污衊警方；菲傭意外拍到片段，當中清楚看到，郭墜樓時沒揹著背囊，但事後事主屍體，又剛好壓著了裝著其個人物品的背囊。現場有人聲稱，是背囊先從高空掉下，男事主後來才墜下樓，剛剛好，就壓住了；而警方為保護菲傭不受暴徒騷擾，於是第一時間把她送回菲律賓，過歲月靜好之生活……

當然，你可以相信這一切，因為都沒有找到100%的證據證明不是。你甚至可以相信中共官方說法，一九八九年六月四日，天安門沒死過一個北京市民。

我無意做真相的最後裁決，但當我要判斷資訊不足的問題時，總會想起奧卡姆剃刀定律（Ockham's Razor）：「當兩個解說具有完全相同的解釋力和預測力時，我們應以較為簡單的解說作為討論依據。」

對你來說，A和B，哪個比較簡單？

跋

愛聽秋墳鬼唱詩——豈因禍福避趨之

打從一開始，就有兩件事困擾我。

首先，我只是個報導文學愛好者，憑一股盲勁而展開計劃。既未受過正統新聞訓練，亦無採訪相關經驗。冷靜下來時，不禁猶豫於到底應用甚麼樣的文體節奏。該像杭特．湯普森（Hunter S. Thompson）那種，「剛左新聞主義」（Gonzo Journalism）式大幅主觀介入；或是斯維拉娜．亞歷塞維奇（Svetlana Alexievich）般，放棄敘述的話語權，將自己置身於受話者或聆聽者位置，不顯示個人的價值觀與偏好？

無疑一眾大師，均有值得我東施效顰的地方。試寫過各式風格，總於各門派間拉扯厮磨。最後決定不再糾纏，乾脆師承何大一，來個雞尾酒療法。該燒香燒香，該吃飯吃飯。

其次，我亦掙扎文本用語。如依抗爭血緣的政治正確，一本講香港勇武的口述歷史，理應當仁不讓捍衛香港話，這才真正達至我手寫我口。

香港話去寫，七百五十萬香港人，當然輕鬆讀懂；全球一億二千多萬以粵語為母語的族群，也基本能理解；但此舉無疑為其他懂中文的受眾，先設了個限。如為提高本土認同感，硬要堅持全香港話寫作，這未免有點抗爭原教旨主義。在極權打壓下，要疾呼民族自決，本已不易。因此我更希望這書，不只流於同溫層的圍爐文宣。

如同米蘭．昆德拉說：「如果一個作家寫的東西只能令本國的人了解，則他不但對不起世界上所有的人，更對不起他的同胞，因為他的同胞讀了他的作品，只能變得目光短淺。」幾經掙扎，還是決定拿最大公約數，以書面語撰寫。

但畢竟，受訪者對話，均以香港話口語表達，一旦改成書面語轉述，難免稍微有隔膜。撰寫初稿時，粵語口語或網路俚諺語的引用比例上，也掙扎良久。記得首六篇初稿，為傳統書面語版本，較少粵語入文。摯友蒙仁讀後認為：「好順。不過，就是太統一清暢了，好似六個人都給一個作者吃了消化了，屙出來同一個面貌的東西。」

他點出了關鍵，保留當事人腔調和節奏，乃報導文學極為重要之精髓。於是又花上個多月時間，重聽所有訪談錄音。為保住原神，調整了對話中口語引用的比例，保留更多粵語入文，尤其粗口、網路用詞及本土俚語。為方便理解閱讀，部分亦加入了註解。

只是我從來都覺得，文章加入註解，像在約會調情中途接聽手機來電。也並非說絕對不可以，但須要克制為之。校對和台灣傳媒朋友都提議加入大量註解，方便台灣讀者及非香港人理解其中詞彙含意。我也同意有此需要，只是不希望對每個粵語俚諺語或港式用詞，都長篇大論地說明。因此我選擇在註解上，盡可能有限度使用，只有特別是抗爭事件中的專用術語或團體稱號，非詳細解釋不可的，才另作註解闡述。要是一些只是日常粵語用字或港式俚語，可以簡單翻譯的，我選擇在詞語後面直接加括號說明。這樣既可保持原貌，亦可理解內容，也不用跳到頁邊，讀起來會比較順。

感覺就像約會中，我不接太多次電話，但偶爾用短訊回個表情符號，應該沒有太過打擾氣氛吧，我想。至於那些介乎於「不完全肯定，但大概猜得到」或「不明白但仍跟得上前文後理」的助語詞及香港話口頭禪，我選擇不打擾閱讀，讓它直接不說明。因為我相信，如果你是那種「打爛沙盆璺到𡁻」之輩（這個也不註解，自己搜尋囉），其實網路上也不難查出來。

這書從採訪到出版，歷時廿六個月。正值寫於香港艱難時刻，亦是我個人之黑暗歲月。任天堂在關機時，無意中點出塵世萬物之真諦，只有 Save 下來，經歷才不至丟失。因此這段日子，每當看到網絡傳來政權打壓新聞；群組發來朋友入獄噩耗。我也會如深潛泳者般，盡可能深深吸一口氣，然後打開電腦，一直地寫。寫作成了信仰，亦是精神寄託，總祈求文字帶領我，穿越這片入骨刺痛的荒涼。

閉氣，前行。

書能面世，須感恩眾多同路友好相助，不少更於風雨飄搖，我城杌隉之內堅持。這段日子，彼此溝通聯絡，也只能以「嗰本書」作暗號。書名仿似佛地魔之名，從不敢提。壓力之重，略見一斑。因此基於考慮到各人安全，部分得化名銘謝。

感激肥婆（只是代號，你一點不肥。OK?）一直協調，從找對象、遊說訪談、到物色出版商，都默默堅持。即使你同時也有著千愁萬緒，亦從未忘記這小計劃；B在讀過十多頁初稿後，主動提議玉成此事，資助部分出版費用；蒙仁得悉構思，不但沒嚇壞，倒認為「有意義。真的值得花工夫，好好保存著」，於是邊讀初稿，邊反芻斟酌文句，給予寶貴的修改意見；CA於高壓環境下，單字回了個「**好**」，就四出覓幫手兼給意見；辛苦KT的悉心校對，改正了許多拙著的文法與手誤；D以一副事不關己的態度，細膩入微地整理大量訪問內容，查證與核對資料，令我在過程中減輕不少壓力；感謝台灣媒體及出版朋友們的協助與指路，為免給閣下帶來不便，大名按下不表。但閣下付出，銘記在心，感激涕零。他日重光，具名再謝。

書中文字，部分曾首載於我和保護傘合作的 Patreon 網頁，感謝所有課款支持該專頁的朋友，也代表保護傘感謝閣下的慷慨解囊，課款均全數直接給予保護傘，用於協助流亡者的生活與升學；感謝大C在自身忙亂工作中，仍扛下了每篇刊於 Patreon 故事的版頭設計責任，亦為華文本作了精緻封面及裝幀設計。你沒說錯，這應該是我做過最有價值的事；漂亮又勇武的 Office Avengers 小姐，協助了文章的英文翻譯，PK幫忙對譯本潤飾，也為內容及標題修改，給予寶貴意見；還有做台語口述版的張嘉讌老師。感謝各位參與，讓這些故事能在網上引起更多的關注與共鳴。

另有許多朋友幫忙看初稿，給意見；或給予各式協助，令此事得以運轉順利。許多其實不是直接認識，甚至是經他人托上托的幫手。恕無法當面答謝，謹於此聊表寸心。也怕掛一漏萬，敬希包涵。

感謝許多前輩們關於抗爭之著作：李雪莉著的《烈火黑潮：城市戰地裡的香港人》、李政熙編的《國難家書》、秋田浩史畫的《漫畫香港抗爭 激盪！200日》、傘下的人著的《我們的最後進化》及香港言語治療師總工會（The General Union of Hong Kong Speech Therapists）出版之繪本《羊村守護者》與《羊村十二勇士》（該工會因出版這些童書，主席黎雯齡及四名成員被國安處拘捕，控以「串謀刊印、發佈、分發、展示或複製煽動刊物」罪，因而身陷囹圄，組織被迫解散）等，感激眾前輩憑一口氣，點一盞燈。對我等後來者，是重要之啟迪與動力。

早於發表前，為推廣網頁，朋友介紹了些友好同路人，替訪談文章作義務的外文翻譯，或做口述錄音版本，希望吸引更多關注。二〇二〇年二月，透過已故作家李怡先生搭橋牽線，認識了日人勇松先生。他一直關注香港民主發展，看過數篇初稿後便答應加入。當時根本連華文出版計劃都沒有，慶幸他不介意，直接把每篇翻譯好日文發來，讓我們貼到網上推廣。

那時憧憬此書有天能在日本出版，於是向勇松先生請教。他坦白告之，要是還未出版原文，很難讓日本出版社考慮。簡單說，就是你必須先在家鄉地區聯賽勝出，才夠格獲邀參與國際賽。

其實，中共在二〇二〇年七月強行通過國安法。夥伴們就估計，書不可能以正常渠道在香港出版及發行，沒出版社願冒上如此風險。仍在香港朋友提議，可不經正規印刷廠，由其自家印製，釘裝成手作小書，在香港抗爭者所辦的臨時市集上發售或派送。這類似上世紀初俄國「薩密茲達」（Samizdat）的地下出版形式。對此運作，俄裔作家布科夫斯基（Vladimir Bukovsky）描述最為簡潔精準：「我自己寫，自己編輯，自己審查，自己出版，自己派發，自己付出因它而被監禁的時間。」

二〇二〇年上半年，香港曾出現不少由抗爭者，或民選區議員自行印製的文宣小本及地區刊物。惜七月國安法通過沒多久，《羊村十二勇士》出版團隊，就被國安公處拘捕。

因為身在海外，暫無計劃為這書付上被囚禁時間。所以實在不忍，也不該讓仍在港朋友代為冒險，於是只好放棄港式薩密茲達，轉與台灣團隊研究，由當地協助流亡人士組織負責自行出版。雖然台灣被中共滲透嚴重，但畢竟並非其管轄範圍。

二〇二一年九月，書稿完成。台灣團隊在十月完成了編輯及校對工序，並展開了頁面排版及物色印刷廠，計劃於翌年二月台北書展推出。大概印刷排版，牽涉太多單位，難免人多口雜，走漏消息。十一月初，團隊負責人家中電話在清晨時分響起，電話裡操內地國語口音男子，要當事人馬上停止正進行之印刷計劃，更說這是首次警告，如當事者不從，會直接上門及對其家人不利。台灣團隊過去一直參與協助流亡者工作，並非沒試過被中共威嚇，但如此直接指名道姓，卻是首次。在恐懼與壓力下，台灣團隊部分成員無奈地退出計劃，計劃亦被迫延滯。想跟面對壓力或受恐嚇的朋友說一聲，感恩你們一直的勇敢與無私付出，亦慶幸曾經風雨途上並肩。

本以為出書之事，就此要胎死腹中。卻又失之東隅，收之桑榆，先前看似無甚作為小動作，卻織出一波蝴蝶效應。勇松先生翻譯並貼於網頁之序言，讓日本草思社的編輯碇先生留下印象，他在公司編輯會上，將序言和幾篇故事提出來，獲得其他編輯們的正面回應。但當時還未到落實要決定出版，因為畢竟仍未讀到全書譯稿，加上華文原書亦未出版。

其後碇先生得悉，我們在台灣出書時，所遭遇的挫折困境。原本擔心這事多少會令日本出版社有所卻步，卻沒料到反而更激起他要推動此書決心。他認為，正因即使在民主自由的台灣，香港抗爭故事仍被極權滅聲，日本就更有義務，去協助把勇武者紀錄帶向世界。

十一月初，收到台灣團隊退出之噩耗；卻於十二月八日獲悉，日本正式要落實出版之消息。在沒有華文本的市場反應參考下，草思社仍堅定籌劃出版，這對香港民主運動，確具鼓舞意義。證明在追求公義，反抗極權路上，德不孤，必有鄰。同時亦感恩日本許多民眾，長久以來對香港抗爭資訊的關注。感謝從一開始積極推進這計劃，並花上大量時間翻譯與注釋的勇松先生；誠心誠意推進計劃，並細心編輯的碇先生；名古屋南山大學外文系 Fujisan 同學，在早期翻譯給予了幫忙；日本的PW一直協助電郵翻譯及聯絡。有你們的努力，才得以實現日文版之面世。

素仰練乙錚、林昶佐與徐承恩先生文采風骨，幸得諸位慨允，撥冗賜序，煩多費心，甚感。練先生洞察世變，運筆如刀，觀點醒醐灌頂，其《給海外翼朋友淋六桶冷水》一文，尤其值得流散抗爭者斟酌再三；一開始認識林先生，竟非其重金屬搖滾，而係他十多年前為查理布考斯基（Charles Bukowski）著作《Hot Water Music》中文版所作之推薦序，當中提及布考斯基寫作風格乃係「不鼓勵也不反對，只存在著誠懇而不矯情的寫實」。多年後下筆，雖不能至，心嚮往之；

徐先生不嫌我冒昧來擾，詳述分析台灣出版趨勢之餘，並建議該找插畫家柳廣成先生參與。當然也要多謝柳先生百忙之中，答應為精裝版每篇故事開章，配上精緻插畫；感激陶貞穎小姐和獨眼科技傳媒臨危仗義，扛起出版這爭議小書精裝版的艱辛任務。亦辛苦一眾協力發行銷售的手足相助；同時無限感謝推出平裝本的一八四一出版社仝人。

我另一半LK之最大貢獻，是阻止我在寫作期間，無數次的自我質疑（雖然你在過程中，堅持不讀稿子，說怕會哭）。你也讓我明白，整理民族歷史，茲事體大，不管最後能否出版或被看到，仍得有人去做。感激在過程中，包容我的囉嗦與躁動。

哪吒、晶晶、Lukas、阿金、摩西、阿威、J小姐、阿安、阿騷及阿肥，謝謝信任，讓我記錄了你們最私密之感受。願你們經歷的一切，能如抗爭者為運動所寫的〈不屈進行曲〉歌詞般所言：

告眾弟妹
不屈的你
會照亮明天的香港

由衷祝福二〇一九至二〇二〇年間，所有於香港民主抗爭付出過的前線手足，不管你們今天身在哪，祝願一切安好。

最後，感謝手上正捧著本書的你，謝謝你的支持。讀後如喜歡，希望你能電郵我（monster21face@protonmail.com），或到 Patreon 網頁（www.patreon.com/yeungwilliesau）留言分享感受。現代生活節奏急促，文字作品難以傳播。也怪我是音痴，無法充當吟遊詩人，像 Bob Dylan 般把故事吟唱出來。因此如果你喜歡這些故事，可幫忙推介給身邊朋友（當然你有自信，我也不介意你吟遊說唱啦），讓更多人了解他／她們經歷。

又如果，你是在許多年之後，整理香港長輩遺物時，偶爾於某封塵角落，找到這發黃小書。而我，於你而言，像午夜秋墳碑上鬼魂，呢喃著些發生在你出生前，你從未聽聞的野史秘聞。對，不用懷疑，你是剛讀了本禁書。但先不用急著去國安公署舉報我，大概我和你長輩一樣，都早已仙遊了。舉報逝者，恐無助提升你在社會信用系統中評級，反而可能連累家人，敬希三思。

先把書留著吧。因為，我正正是為你而寫的。

二〇二二年五月一日

按：跋題引自兩詩，前句摘自王士禎〈奉題誌異詩〉；後句引自林則徐〈赴戍登程口占示家人〉。

附錄I

給日文版讀者的話

二〇二一年底，日本草思社（Soshisha Publishing Co. Ltd）決定出版《香港秘密行動》的日文版。那時候，中文版還沒落實出版，因此是個大膽的決定。我應日本編輯碇高明先生的邀請，為日本讀者寫篇前言，解釋一下關於香港抗爭運動的由來，及勇武派與泛民主派之間的區別。同時我亦希望說一下，關於中文版出版時，團隊遇到的恐嚇事件，和碇先生他們在沒有原文出版的情況下，繼續堅持出版這方面的勇氣。但一直拖了近兩個月，要到翌年快要農曆新年時才下筆。因為我發現，要講清楚這些話題，其實並不容易。跟香港人去聊，許多事情大家不用說太多，千愁萬緒，盡在共同經歷中。但當要嘗試向海外讀者解釋時，那就徹底是另外一回事。就像要去跟沒追看過《The Walking Dead》的人，敘述第七季劇情簡介一樣困難。不能只說這季內容，也得多少由原來六季的人物性格開始講述。結果寫得長，辛苦翻譯勇松先生很有耐性地為我全部翻譯出來，並做了各方面的詳細注解說明。《香港秘密行動　「勇武派」10人の証言》於二〇二二年六月在日本出版。大概出版社與碇先生均認為，這個前言實在太長，而且部分內容，也與書的跋有所重疊。於是他們決定將兩者內容，編輯整合成一篇。我稍微學過日文，但沒有好到能徹底讀懂文章的地步（即使是自己文字的翻譯也是）。所以不太肯定日本版出來時，刪減了多少。在這裡是原文版本，所以也算是首次發表吧。

翻譯勇松先生早在還沒有出版社落實前，已提議我日後該寫篇前言，為日本讀者解釋一下，勇武派於香港抗爭運動中的角色與作用；及此日文版的來龍去脈。

勇武派一詞，乃係媒體慣用統稱，其中包含不同政治光譜抗爭者，而非完整固定組織。對於勇武之形成，即使問自稱勇武派成員，該如何界定哪個示威者算勇武時，一百勇武，有一百準則。因此我不敢充權威，亦無意搶奪話語權，只能說一下，這些年來，透過自身觀察和進行採訪的見解。

在最普遍的認知上，所謂勇武，是泛指拒絕遵守民主派提倡的「和平、理性、非暴力」（簡稱和理非）的公民示威原則，並相信必須以某程度武力，抗衡政權警暴與打壓之行動派抗爭者。

自一九九七年，中共接管香港以來，示威遊行活動一直傾向以「和理非」方式進行，這是由於傳統遊行活動的主辦單位，通常係所謂的「大台」（即泛民主派及其友好組織），他們提倡甘地式和平抗爭。甚至日後被指控「顛覆國家政權」的戴耀廷教授，在二〇一三年所策劃相對激進的佔領中環，亦只是主張打不還手、罵不還口、坐在地上任由警察抬走、事後法庭認罪的公民抗命。

香港許多民眾認為，勇武派是在反送中修例抗爭中橫空出生。雖然有這類新生代例子，但實際上，不少骨幹勇武蛻變於早年的激進本土派，當中有人覺醒於雨傘運動，甚至更早。亦有不少早年已活躍於社運，但因過去非建制主要媒體，普遍傾向認同泛民主派的價值觀。因此激進派的活動，過去一直不只被《大公報》、《文滙報》等中共黨媒攻擊；亦往往被《蘋果日報》等非建制主流媒體，有意忽略及邊緣化（此情況要到反送中抗爭開始才有所改變）。

而本土抗爭者與泛民主派之間的政治光譜撕裂，始於二〇一〇年。當時民主派中激進議員，主張就政改爭議進行五區總辭，實際上為香港人的「變相公投」。結果民主黨不參與，更破天荒進入中共代理組織中聯辦裡談判，事後表態支持政改。此舉被不少泛民支持者視為民主派向中共妥協一步，同時亦受到以黃毓民為首的激進派，不斷之譴責與選舉狙擊。

二〇〇九年，港府為培養學生在回歸後的愛國意識，因而在中學推展通識教育科目，卻意外為年輕人提供了本土意識的啟蒙；二〇一一年，學者陳雲出版《香港城邦論》一書，提出建立香港「城邦自治」，貫徹「香港本位」，成了本土力量之催熟劑。

二〇一二年反國民教育科事件，年青人逐漸由從不參與政治，到察覺香港核心價值正在極速凋零。更重要是，大家意識到傳統代議士那種溫柔謙讓的妥協藝術，並不能代表他們發聲，因此現場逐漸激進。

二〇一四年九月，學民思潮發動佔領運動，後來與戴耀廷的佔中匯聚，成為雨傘運動，當時亦由傳統大台領導。佔領區內，部分激進者自行組成「前線」及「盾組」，嘗試在主流大台提倡和理非之同時，為被不明來歷黑社會攻擊之示威者，提供適當的武力保護，實踐所謂「以武制暴」。其模式算為勇武派的雛型。

這類事情在當時，被不少示威者非議與詬病，甚至認為這些跟人衝突的激進派，是政權混進來的臥底，試圖破壞和理非之神聖原則。雙方衝突一直延伸至運動失敗才結束。事後和理非路線與本土派分歧更趨明顯。

二〇一五年一月，運動結束不久，香港大學學生會刊物《學苑》，在一月十四日被香港特首梁振英點名批評「鼓吹港獨」後再度發行，以「雨傘時代 自決未來」為題推出系列文章。其中署名良辰央的文章，題為《本土革命 誓守族群》。文中指出「雨傘革命是香港民主化的關鍵一刻」，並聲言「中共有意殲滅港人主體意識，一國兩制已是無力回天，港人如今無路可退，要不就負隅一戰，奮起革命，要不就屈從一統，淪為奴才」；同時又批評，在佔領期間有人「空談理想，試圖以道德力量撼動匪賊」，是「愚不可及」，更指出「公民抗命流於理論，限制群眾的抗爭想像，自我約束抗爭力量」。

文章預示了四年後之風暴，可惜當時的我，仍沉溺於雨傘失敗無力感中，無法洞悉參透。只能隱約察覺，城市湧現一股暗流。雖沒有公眾眼見範圍的明顯衝突，但晚上不同社區，偶爾開始冒起小團隊，在公園進行健身或體能集訓。這是類似民兵或古時團練之雛型模式。當然，那時仍屬小規模，公眾還摸不透，他們與一般興趣小組之間的差異，但依稀也能在網上討論區感覺到，抗爭者對於傳統泛民的手法開始心生怨恨，正探索可能出路。而本土民主前線、香港民族陣綫、香港民族黨等行動派組織，亦如雨後春筍般出現，當中以本民前發言人梁天琦最具政治能量。

二〇一六年農曆新年年初一，本土派為保護旺角小販檔，而引發的魚蛋之夜，激進抗爭者跟警方爆發激烈衝突，甚至有警員開槍。而當晚號召抗爭的，正是當時立法會補選候選人梁天琦，及其領導之本民前。事後傳統泛民主派及支持和理非人士，紛紛公開譴責此類武力行為，並與本土派割席。其後，梁及多名參與者被港府拘捕及控以暴動。而事件亦讓本土派和傳統泛民的頭面人物徹底分道揚鑣。

同年，本職律師的梁衍華出版《香港獨立論》一書。稱其「嘗試透過分析國際法、闡述香港歷史與北方粵漢相異及文化上獨有的粵英混合事實，以整理出香港主權獨立的學術依據，並且解釋香港具備作為一個主權國家而生存的能力」。

我沒有水晶球，但當時已清楚知道，下次將會是場由本土派主導的血戰。只係未知爆發點將是甚麼，曾一度以為會是二〇一八年一地兩檢事件，最後卻又靜悄悄，沒有爆發。

終於，來到二〇一九年反修例事件，從六月抗爭開始，身邊就有不少參與抗爭的朋友，而我亦因為後援和聯絡的事，認識到不少激進抗爭者。他們初時彼此沒有嚴謹連繫，直到運動中段，分散的小隊，才有較具規模的聯合行動。

勇武份子處於不一樣的政治光譜：有人認為香港必須獨立；有人認為中國違反了中英聯合聲明，理應取消原來協定歸英；有人為推翻二〇一三年「八三一人大決定」，落實全面普選行政長官；也有人為了拯救所有運動被捕人士，繼而進化成勇武；有因為被警察無理毆打，於是決心報復。有些成長在經年蛻變，有些奮起於剎那激情。

和過去抗爭不一樣，勇武參照武打巨星李小龍名言：Be Water。綜合一四年的失敗原因，就是組織長期固守一個佔領區，因人數和武力不相稱，故容易被政權圍捕及擊潰。於是他們轉而採取蒙面、不固定的游擊作戰方式。

部分人甚至拒絕組成較嚴謹小隊，而是採取每次臨場組合，即時選定攻擊目標的戰術。從六月運動開始，一直到十一月中文大學保衛戰為止，都採取這種游擊戰術，確實讓警方難以應付。而更重要是，激進抗爭者提出和傳統和理非泛民力量和解，不再互相指責，提出「不捉鬼、不分化、不割蓆、核爆也不割」等口號。而香港大量和理非市民（包括我），透過網上直播及新聞媒體，目睹警方普遍的執法不公、濫用暴力；大量不依據警例、將自己編號和外貌隱藏的「疑似警察」武裝份子，他們對群眾進行攻擊，激發了原來不支持暴力抗爭的普羅市民，也傾向同情勇武派，即使不參與武力抗爭，亦開始認同、默許，甚至提供逃亡協助。例如大量市民主動把現金放在港鐵站入閘購票機上，讓勇武們在撤退時，可用現金購票；也有大量「家長車」及「抗爭父母」等後勤式的支援。體現了抗爭初期所說的「和勇不分，兄弟爬山，各自努力」之口號。

勇武派初時以蒙面、雨傘、盾牌作掩護；棍棒、磚頭、弓箭及汽油彈作武器與警察對抗。其後警方武力鎮壓升級；社區出現配合政權的黑幫份子，無差別襲擊市民。部分勇武亦開始升級，陸續出現自製炸彈、槍械及利器伏擊警員事件。

勇武派優勢，是沒有完整組織，使警方難以預估他們之行動策略，但同時亦是其要害。勇武能走到最前線進行武裝衝突，靠的是激情與仇恨，發揮了巨大能量。但形式上，卻似一八三二年巴黎六月暴動的學生領袖，明知不可為而為之。不少勇武之所以趨向激進，是憤怒於回歸二十多年來，香港民主進程毫無寸進（先不討論觀點是否正確），他們痛恨泛民領袖的妥協與綏靖，要是你問他們，在抗爭現場該用甚麼戰術時，許多人可侃侃而談；但對於整場抗爭需要甚麼戰略時，不少人則一籌莫展。

電影《一代宗師》（The Grandmaster）裡說，功夫在於「寧可一思進，莫在一思停」。許多勇武均具此心態，但問題**進**的代價是多少？冒進三寸，會導致停更多？甚至退三丈？許多時候，當事者並未細想（也可能無暇，亦無足夠能力、時間去判斷）。當中也有人才剛剛政治覺醒，就要立馬靠恨意和激情助燃上戰場。即使武裝衝突，也該進退有時，但勇武小隊各自為政，難有完整協調，直到後來的理大攻防戰，我們看到勇氣與犧牲，也看到了不少策略的錯誤。

當然，沒有人是全知全能，誰都說不準當下決定，哪個是對，哪個是錯。人間不是中學試題，從來沒標準答案。對此，我無意作判官。透過文字，只希望盡力還原真實，當中包括勇武們的激情，勇氣與魯莽，甚至是其思考過程的失誤和盲點。

按傳統出版常規，是作者以母語寫作，然後於其母語家鄉市場成書，銷量達某種程度，或獲不錯口碑後，引起外國出版社或譯者關注，再翻譯成外文，推介給不懂作者母語的外國讀者。這書打破套路，它沒在華文市場出版，卻於鄰邦以外語面世。這類例子，在我淺薄與有限的認知中，首先想到的，是俄國作家薩米爾欽（Yevgeny Zamyatin），在一九二〇年至二一年間，寫成的反烏托邦小說《我們》（МЫ）。初時只能以手抄本形式於國內私下流傳，直至一九二四年稿件流出國外，才被翻譯成英、法及捷克文等於歐洲出版。蘇聯要到一九八八年，才正式解禁，出版原俄文版。

本書之訪談，自二〇二一年四月起，發表於與協助台灣流亡者組織合作的Patreon網頁上，藉此為流亡至台灣的香港抗爭者，籌務學費及生活開支。早於發表前，為推廣網頁，朋友介紹了些友好同路人，替訪談文章作義務的外文翻譯，或做口述錄音版本，希望吸引更多關注。二月份，透過一位資深媒體人轉介，認識了日本的勇松先生。他一直關注香港民主發展，看過數篇初稿後便答應加入。當時根本連華文出版計劃都沒有，慶幸他不介意，直接把每篇翻譯好日文發來，讓我們貼到網上推廣。

那時憧憬此書有天能在日本出版，於是向勇松先生請教。他坦白告之，要是還未出版原文，很難讓日本出版社考慮。簡單說，就是你必須先在家鄉地區聯賽勝出，才夠格獲邀參與國際賽。

其實，中共在二〇二〇年七月強行通過國安法。夥伴們就估計，書不可能以正常渠道在香港出版及發行，沒出版社願冒上如此風險。仍在香港朋友提議，可不經正規印刷廠，由其自家印製，釘裝成手作小書，在香港抗爭者所辦的臨時市集上發售或派送。這類似上世紀初俄國「薩密茲達」（Samizdat）的地下出版形式。對此運作，俄裔作家布科夫斯基（Vladimir Bukovsky）描述最為簡潔精準：「我自己寫，自己編輯，自己審查，自己出版，自己派發，自己付出因它而被監禁的時間。」

二〇二〇年上半年，香港曾出現不少由抗爭者，或民選區議員自行印製的文宣小本及地區刊物。惜七月國安法通過沒多久，語言治療師協會的兒童繪本《羊村十二勇士》出版團隊，就被國安公處拘捕。

因為身在海外，暫無計劃為這書付上被囚禁時間。所以實在不忍，也不該讓仍在港朋友代為冒險，於是只好放棄港式薩密茲達，轉與台灣團隊研究，由當地協助流亡人士組織負責自行出版。雖然台灣被中共滲透嚴重，但畢竟並非其管轄範圍。

二〇二一年九月，書稿完成。台灣團隊在十月完成了編輯及校對工序，並展開了頁面排版及物色印刷廠，計劃於翌年二月台北書展推出。大概印刷排版，牽涉太多單位，難免人多口雜，走漏消息。十一月初，團隊負責人家中電話在清晨時分響起，電話裡操內地國語口音男子，要當事人馬上停止正進行之印刷計劃，更說這是首次警告，如當事者不從，會直接上門及對其家人不利。台灣團隊過去一直參與協助流亡者工作，並非沒試過被中共威嚇，但如此直接指名道姓，卻是首次。

在恐懼與壓力下，台灣團隊無奈地退出計劃。當時以為，出書之事，就此要胎死腹中。沒想到先前看似無甚作為小動作，卻織出一波蝴蝶效應。勇松先生翻譯並貼於網頁之序言，讓日本草思社的編輯碇高明先生留下印象，他在編輯會上，將序言和幾篇故事提出來，獲得其他編輯們的正面回應。但當時還未到落實要決定出版，因為畢竟仍未讀到全書譯稿，加上華文原書亦未出版。

其後碇先生得悉，我們在台灣出書時，所遭遇的挫折困境。原本擔心這事多少會令日本出版社有所卻步，卻沒料到反而更激起他要推動此書決心。他認為，正因即使在民主自由的台灣，香港抗爭故事仍被極權滅聲，日本就更有義務，去協助把勇武者紀錄帶向世界。

十一月初，收到台灣團隊退出之噩耗；卻於十二月八日獲悉，日本正式要落實出版之消息。在沒有華文本的市場反應參考下，草思社仍堅定籌劃出版，這對香港民主運動，確具鼓舞意義。證明在追求公義，反抗極權路上，德不孤，必有鄰。同時亦感謝日本許多民眾，長久以來對香港抗爭資訊的關注。

也同時讓人明白，勿以善小而不為。即使再微細的力量，亦可能帶來意想不到的漣漪。只要持續默默把夢想投向宇宙，也許宇宙有天就會給予回應。

香港人常調侃，把旅遊日本稱為「返鄉下」，雖只戲言，實具涵意。回想平生，一直靠日本流行文化滋潤長大。從《伏魔三劍俠》（アクマイザースリー）到《數碼暴龍》（デジモンアドベンチャー）；從《紅白歌唱大賽》（NHK紅白歌合戦）到《世界奇妙物語》（世にも奇妙な物語）；從星新一到乙一；從黑澤明（Akira Kurosawa）到黑澤清（Kiyoshi Kurosawa）；從沙羅曼蛇（Salamander）到那個泳池（例のプール）。就連筆名亦然，當年讀田中方樹小說《銀河英雄傳說》時，非常著迷主角楊威利。他是個厭戰的軍事天才，常運用宏觀歷史理論來分析與作戰。記得讀後老跟朋友討論，自己跟楊威利有多相似；思考如何與他同一步調；有多似他般沉實睿智、Think outside the box……結果被當時伴侶恥笑，說我只是個「終日幻想能成為楊威利的楊修」。從楊威利到楊修，大概就是我們自我投射與旁人觀察之間的距離。

書首版付梓，奇蹟落戶日本，可算某種意義上的「還鄉」。畢竟日本流行文化塑造了我，及好幾代香港人。一切仿似電影《Jerry Maguire》所言：You complete me。

大概說得太多，楊威利就不會如此絮絮叨叨（也許會更多，誰知道呢）。關於對勇武派和香港抗爭運動的問題與疑惑，希望這些訪談故事，能讓日本朋友體會箇中的艱難和曲折。

寫於二〇二三年農曆新年團年飯前

附錄II

悼李怡先生

香港作家及時事評論家李怡先生，於二〇二二年十月五日在台灣逝世，享年八十六歲。收到消息時，電腦正在播放著鄭秀文歌曲〈交換溫柔〉。心情久久不能平復，但又無法出席告別儀式，於是決定翌日在Patreon網頁，記下些和李怡先生交往的過程（希望他不會反對用上交往這個詞），以作懷念。因為我想，這些事情他大概未曾跟他人提及（部分只有不知我身分的中間聯絡人，及日本翻譯知道吧），所以要是我不寫下，大概這些記憶就會在世上消失。我不希望如此，亦主觀相信李怡先生也不希望吧。

曾經，李怡先生熱愛中華人民共和國；夢醒後，轉向支持建設民主中國，寄望共產黨自省修正，下罪己詔，平反六四，結束一黨專政。親共喉舌痛罵他叛徒漢奸；本土派指責其支持泛民賣港，耽誤自決前途。先生於喧鬧風浪間，寵辱不驚，筆耕不輟。昨日於台灣辭世，各界紛撰悼文致哀。表彰頌德，先生不乏。因此想記下些許往事，以作悼念。

多年前，曾幾度有跟先生見面機會，結果都陰差陽錯，對不上。常想，下次大概可以。轉眼二〇一九，運動爆發，我如一代港人般，緲小得似螻蟻飛舞。而當時在年長一輩公眾人物中，先生乃少數敢公開反思，多年來泛民綏靖路線的缺陷。也多番表示，理解前線年青抗爭者心情，與其同一陣線。甚至雖沒此需要，先生仍表示希望得到年輕本土派原諒，自己太遲才理解他們想法。

及後，二〇二一春，先生赴台，我亦漂洋。經多重人托上托牽線，終有幸跟先生聯繫，我告訴他，正撰寫前線無名抗爭者經歷，欲將之推廣海外的意願。或有本土抗爭者認為，老一輩公眾人物對抗爭運動支持，常只屬占盡道德高地光環，口惠實不至。但確實，先生不在此類。我與先生素未謀面，連中間人亦不知我底蘊，他卻馬上答應協助，身體力行為一個從沒見過，甚至連一篇訪問也未發表之人找聯繫，作引薦，靠先生幫忙，我認識了日本翻譯。而這些故事在一年多後，亦於日本出版。

今年四月，電郵先生，說書將於台灣出版，望其能為此作序，當時先生雖說好，卻因身體欠佳，怕趕不及印刷截稿期，於是提議先不等他，繼續付梓。看後面身體康復時，才補寫序文。待再版加印時插回其中，或作網上推廣。之後亦為此事多番聯繫，那時我想，好吧，下次大概可以……

最終，李怡先生雖避走台灣，仍被來自其曾經熱愛的中華人民共和國病毒感染。也算是被錯愛前度所加害。先生跟前度最大區別，是他不斷自省反思，努力修正調整行逕想法。因為終其一生，先生都希望廣大中國人能過得好一點；但共產黨政權，只會思考如何讓自身及其權貴子女，過得比所有中國人好一點。

願李怡先生安息，來生不做中國人。

初出

〈戀・戰傾城〉　《Patreon》二〇二一年四月九日

〈然後在霎時之間想起我父母〉　《Patreon》二〇二一年五月十六日

〈冒險，只因為了八百元〉　《Patreon》二〇二一年六月十一日

〈面具下，我只是個戇鳩肥仔〉　《Patreon》二〇二一年九月一日

〈一條耶撚（或坐時光機來現代的原始人）之反思〉　《Patreon》二〇二一年十一月廿四日

〈係咪想畀坦克車轆死吖？〉　《Patreon》二〇二一年十二月十七日

〈為民族覺醒而出的軌〉　《Patreon》二〇二一年十月廿二日

〈未成民族　談何陣線〉　本書

〈你老母憑甚麼打碎我肩胛骨？〉　《Patreon》二〇二二年二月一日

〈大棠山誌異〉　本書

參考文獻

序

智利軍政府鐵軌綁政治犯沉大海

《深海光年》（The Pearl Button）／導演：帕里西歐古茲曼（Patricio Guzmán）／紀錄片／智利／二〇一五／八十二分鐘／西班牙語

「抗爭少女日記」Facebook，二〇一九年八月廿五日

https://www.facebook.com/714032022388724/videos/493444594799508/?__so__=watchlist&__rv__=video_home_www_playlist_video_list

第一回

〈831 夏慤道天橋，警察帶槍扮示威者掟汽油彈？〉，Kayue，二〇一九年十月七日。

https://medium.com/@_.__/fact-check-831 夏慤道天橋 - 警察帶槍扮示威者掟汽油彈 -8b5bd344a3b6

第三回

〈要求百分之百自由 香港藝術家來臺〉，自由亞洲電台〈專題與訪談〉影片系列，二〇二一年九月一日。

https://www.rfa.org/mandarin/duomeiti/tebiejiemu/kaceywong-09012021013501.html?encoding=traditional

第四回

〈如何從身體語言辨別警察〉畢明 budding Facebook，鄭錦滿 Facebook 截圖，二〇二〇年八月十二日。

https://www.facebook.com/4eyesbro/photos/ 今日又好多人 -share- 畢明去年 8 月 12 日畢明網上教人捉鬼出咗下面個 -post- 之後幾多前線抗爭者 fa 等被人要求出示身分證學生證以示清白受盡侮辱而退場畢明 -b/3278700145525290/

第七回

〈香港一位 23 歲少女被判刑後的自述書。（轉自連登））〉（原刊之《蘋果日報》因國安法取締，原文從網路全部消失），品葱網站，二〇二一年五月一日。

https://pincong.rocks/article/id-31859__sort_key-add_time__sort-DESC

〈何君堯現身支持連儂牆！〉，連登時事台討論區，二〇一九年七月廿七日。
https://lihkg.com/thread/1367527/page/1

第十回

二〇一九年十二月三十一日，"Dad bursts into tears of joy as daughter, 8, shoots elk dead" Lucy Middleton, https://metro.co.uk/2019/12/31/dad-bursts-tears-joy-daughter-8-shoots-elk-dead-11979616/?ito=twitter

戴興盛、莊武龍、林祥偉，二〇一一年，《國家野生動物保育體制、社經變遷與原住民狩獵：制度互動之太魯閣族實證分析》〈附錄二：太魯閣族狩獵規範〉傳統狩獵規範與禁忌，品德行為，第二條。《台灣政治學刊》第十五卷第二期〈研究論文〉，頁 3-66。

〈防暴警執勤間，突然走入名店買化妝品。（HKerFeed）〉，YouTube，二〇一九年十一月五日。
https://www.youtube.com/watch?v=7xASd-08zKc

《紀律部隊宿舍墮樓疑案 七大疑點待解》，大紀元時報，二〇二〇年一月十五日。
https://hk.epochtimes.com/news/2020-01-15/45012721

菲律賓傭工拍攝片段
https://youtu.be/hnwkzGlt0qE

跋

歌曲〈不屈進行曲〉，作曲：thomas dgx yhl，作詞：thomas dgx yhl、lk、青棍幫、眾連登仔，DGX Music，二〇一九年十月一日。
https://www.youtube.com/watch?v=ryqGOGig_AI

1841
一八四一

香港秘密行動

Clandestine in Hong Kong:
The Unfinished Journey of The Valiant

作　　者　楊威利修
責任編輯　緣二聿
文字校對　Carly Mak
封面設計　盧卡斯工作室
內文排版　王氏研創藝術有限公司
出　　版　一八四一出版有限公司
印　　刷　博客斯彩藝有限公司

2023 年 11 月　初版一刷
2024 年 07 月　初版二刷
定價　420 元
ISBN　978-626-97372-6-0

一·八·四·一

社　　長　沈旭暉
總 編 輯　孔德維
出版策劃　一八四一出版有限公司
地　　址　臺北市大同區民生西路 404 號 3 樓
發　　行　遠足文化事業股份有限公司
（讀書共和國出版集團）
郵撥帳號　19504465 遠足文化事業股份有限公司
電子信箱　enquiry@1841.co
法律顧問　華洋法律事務所 蘇文生律師

香港秘密行動 = Clandestine in Hong Kong : the unfinished journey of the valiant / 楊威利修作 . – 初版 . – 臺北市 : 一八四一出版有限公司出版 : 遠足文化事業股份有限公司發行, 2023.11
面；　公分
ISBN 978-626-97372-6-0(平裝)

1.CST: 社會運動 2.CST: 民主運動
3.CST: 採訪 4.CST: 香港特別行政區

541.45　　112017691